3・11を心に刻むブックガイド

草谷 桂子

子どもの未来社

はじめに

わが家の小さな畑で菜の花がつぼみを持ちはじめたあの日。映像に流れる東日本の大惨事に茫然としてことばを失いました。追い打ちをかけるように東京電力・福島第一原子力発電所の事故が起きました。浜岡原発からわずか二・五キロの海辺の町に故郷を持つ私には、他人事ではありませんでした。何ができるのか。私は自分に問いかけました。

生活用品、義捐金《ぎえんきん》、仲間と集めた絵本を被災地に送り、一息ついたときには、菜の花は満開をすぎ、最後の花びらが風に揺られて散りはじめていました。

除染の願いをこめて、主催している家庭文庫に来る子どもたちと、菜の花の種を集めて歩きました。科学的根拠もないままに、何かせずにはいられなかったのです。

子どもの本に興味がある私は、落ち着かない気持ちを抱《かか》えながら、自分自身が「忘れない」ために、いつしか二〇一一年三月十一日に起こったこと（以下、３・11と記します）に関連する子どもの本を集めはじめていました。

それは３・11を追体験するというつらい作業でしたが、同時に本の中のことば、絵、写真などから、人の尊厳にもふれ、魂をゆすぶられ、何度も胸が熱くなりました。

著者たちは、葛藤しながらも、それでも書かずにはいられない気持ちをさまざまなかたちで本にしています。そのため、ブログやツイッターなどのメディアから生まれたもの、小さな出版社や自費出版のものが多いのも特徴でしょう。

創作、ノンフィクション、写真、エッセイ、マンガ、俳句、短歌、そして地震、津波、防災、放射能についての科学の本とさまざまです。直截的《ちょくさいてき》であるため、そのまま手渡すことに躊躇《ちゅうちょ》する絵本もあります。とりわけ実際に被災体験をした子どもには慎重に選書したほうがいいと思いました。

この本はあくまでも、3・11後に子どもの本を媒体として、どんな人がどう表現したかを記録として残すことを一つの目的としました。この時代に生きた証言者としての大切な役割だと思ったからです。

とくに、資料収集の役割を担う東北の図書館は、建物が流されたり、水をかぶったり、本棚が壊れたりという物理的な被害に加え、職員が亡くなられたり、避難所の仕事など図書館以外の業務に追われていたと伺っています。もしかしたら、このブックガイドを出版することが、私にできる東北支援かもしれないと思いました。

このリストからどの本を、「いつ、子どもやおとなに手渡していくか」の参考に、また、3・11の資料収集・保存のために少しでも役に立てば幸いです。

取り上げた本は私の目に触れたもののみです。なるべく情報を仕入れ、広範囲に目配りしましたが、ほかにもあると思いますし、今後も出版が続くでしょう。

実際に本を手に取り、紹介するうえで、福島県立図書館、静岡県立中央図書館子ども図書研究室、静岡市立図書館の資料と職員の皆様に大変お世話になりました。福島県立図書館司書の鈴木史穂様には心のこもった推薦文をいただきました。

また、表紙の絵は、東日本大震災被災地支援の「子どもたちへ、〈あしたの本〉プロジェクト」のチャリティ・オークションで手に入れたものです。絵を描いた藤本ともひこ様には、表紙に使用することをご快諾いただきました。復興への深い想いのこもった表紙絵をありがとうございました。お陰様で希望に向かう前向きの祈りが感じられる表紙となりました。

本の完成のためにご支援・ご助力くださったすべての皆様に、心から感謝申し上げます。

〈表紙のことば〉

あの日以降、本当に大切なことは何かを考えるようになりました。ぼくにできることは何か。そしてやはり、ぼくは子どもたちの笑顔のために、やれることをやってみようと強く思いました。災い転じてどうするかは、自分次第。そんなひとつひとつの積み重ねだと思っています。そのひとつが絵本なんです。

（藤本ともひこ）

もくじ

第三章　科学の本から3・11を検証する

第四章　マンガで読む3・11

表紙絵…藤本ともひこ
（表紙のことば…4）

装幀…シマダチカコ

第一章　絵本で伝える3・11

支援物資と思われる大きめの洋服を着た少女が、避難所でふとんに寄りかかりながら本を読んでいる映像をテレビで見ました。その穏《おだ》やかな表情に安堵《あんど》したものです。被災した子どもたちにとって、まずは生活や命を守る支援が必要ですが、どんなときにも、いいえ、過酷な状況にいるときこそ、本が生きる力になるのではないでしょうか。

地震・津波、それに続く原発事故で打ちのめされたとき、とくに子どもに関わる仕事や活動をしている人たちは、被災地の子どもたちの状況に心を痛め、子どもたちにとって本当に必要な支援は何なのかと、途方にくれ、悩みながらも、時間の経過とともに、さまざまな子ども支援の活動や仕事がかたちになっていったように思います。子どもの本に関わる活動でいうと、図書館整備などの読書環境充実のための支援、絵本を読んだりワークショップをする支援、作家のチャリティ・オークションなどもありましたが、本の出版もその一つでした。

■笑顔をとりもどすために

大震災と、その後の原発事故で、大勢の子どもたちの命と笑顔が失われてしまいました。「未来に希望をもってほしい。笑顔をとりもどしてほしい」という願いがこめられた絵本を取り上げてみます。

『明けない夜はないから』
宮城県の子どもたち・荒井 良二〔絵〕
たかはし あきら・新田 新一郎・渡辺 リカ〔ことば〕
プランニング開〔企画〕
フェリシモ（2013・02）

『明けない夜はないから』

タイトル『明けない夜はないから』は、「こどもスマイルミュージカル」のテーマ曲で、このミュージカルは、被災した宮城県名取市の子どもたち八〇名が出演し、舞台をつくりあげました。その後、画家の荒井良二氏とともに、この歌詞を絵にするワークショップがあり、そのときの絵をもとに生まれた絵本です。

３・11で「変わった」という作家と、あえて「変わらない」という作家がいますが、荒井氏は「未来は特別なものではなく、過去や現在とつながっている」と、自分のなかの変化を強く意識したと講演で話していました。そして、「絵本を描いたり、ワークショップをすることは、被災地の子どもたちにとって、水や毛布のように即効性はなく、目に見えにくいけれど、自分にできる支援である」とも。

この絵本は、「みあげれば　夜空には　星がきらめく　いままで　みたこともない　たくさんの星」から始まりますが、私には「たくさんの星」が震災で失った命とも思えました。カラフルなボタンで表現されていることで、ボタンの持ち主はどの人も、尊い個性や背景をもつ一人ひとりだという思いを強くしました。

たくさんの星たちに見守られながら、前を向いていこうとする決意がやんわりと伝わってきます。本の後半は歌詞、楽譜、ワークショップのようす、メッセージなどの紹介が続きます。過酷な生活のなかでも笑顔をなくさない子どもたちに心打たれます。

『ラーメンちゃん』
長谷川義史〔作・絵〕
絵本館（2011・09）

『ラーメンちゃん』

この著者の長谷川義史氏も、震災後の宮城県石巻市に支援に行き、「自分にできることは絵本をつくること」だと思い、ためらいながらも、即興で絵本をつくったそうです。

絵本に登場したラーメンちゃんは、泣いている子には、「なると」を見せ、「なんとかなるとー」と。ひとりぼっちの子には「しなちく」を見せて「しなちーく　よろちーく」というふうに、ダジャレで子どもたちを元気づけ、笑わせます。

ラーメンちゃんは、「つる　つる　つる　つる」と伸びていきます。

「わたってください　こどもたちGO」一本の線になったラーメンちゃんは、子どもたちを渡らせながら、どこまでも伸びていきます。

「未来に向かって！　GO！」

『ほんとのおおきさ　特別編
元気です！　東北の動物たち』

小宮輝之〔監修〕尾崎たまき〔写真〕
柏原晃夫〔絵〕高岡昌江〔文〕
学研教育出版（2012・02）

ユーモアのあるリズミカルなことばが心地よく響きます。石巻市の子どもたちは喜んで、笑顔いっぱいになったそうです。絵本作家ならではの、子どもの励ましかた、子どもへの寄り添いかたがあるのですね。

『ほんとのおおきさ　特別編　元気です！　東北の動物たち』

「３・11をこういうかたちで絵本に表現し、東北支援ができるのだ！」と作者の目のつけどころと構成に感嘆しました。

岩手、宮城、福島の動物園・水族館が舞台です。どんな被災体験をしたのか、その後どのようにして乗り越えてきたのか、具体的なエピソードと写真で、動物たちと飼育係の心温まる交流が描かれています。

『ほんとのおおきさ』は、実物大写真を載せているシリーズです。特別編は、東北の動物たちの実物大の写真に、飼育係の談話もあり、動物たちに寄せる愛情がひしひしと伝わって、読みごたえも、見ごたえもあります。

被災した動物たちが見せる元気な姿にホッとし、じっと見つめるまなざしに復興への希望を感じます。ここに至るまでの関係者のご苦労はいかばかりだったことでしょう。３・11後に、ともに歩んできた苦難の道のりが、そして生きていることの喜びが伝わってきます。

『さんぽのき』

前田たかひろ〔原作〕
サトシン〔文〕真珠まりこ〔絵〕
文溪堂（2011・11）

散歩すればかならず会える「さんぽのき」として、「ぼく」をいつも見守ってくれる大きな木がありました。年月が経ち、おとなになった「ぼく」は、妻と子を連れて、大きくなった「さんぽのき」に会いに来ました。今ではみんなの「さんぽのき」として、そこには人々が集っています。

著者は、ガレキと化した風景の中で一本だけ残り、凛《りん》と立つ松に思いを重ね、そこに行けば会えるという未来への希望の象徴としての「木」との関わりを描いています。

CD付きで、軽快な音楽も同時に届けてくれます。

『ハグくまさん』

ニコラス・オールドランド〔作〕
落合恵子〔訳〕
クレヨンハウス（2011・12）

森のハグくまさんは、だれかに会うと、抱きしめる習性がありました。なかでも、森の木を抱きしめるのが大好きでした。特別のお気に入りは森の大きな木でした。

ところがある日、この木を切り倒そうとしている人間の男に出会います。さて、木の運命は？

この絵本のもう一人の主人公は大きな木。被災した子どもたちを「ＨＵＧ　＆　ＲＥＡＤ！」〈抱きしめ本を読もう〉という願い。それを生き残った陸前高田市の一本松に重ねて描いています。

『東北んめえもんのうた』

長谷川義史〔作・絵〕
佼成出版社（2012・03）

東北にはこんなにもおいしいものがあります。牛タン・笹かまぼこ・ずんだもちなどなど。東北の特産品が、リズムのよいことばと、豪快な絵で紹介されていきます。

しかも背景の細部に工夫がいっぱい。東北にゆかりのある文学者の宮澤賢治、石川啄木、柳田国男らしき姿も見え、いろんな発見がある楽しい絵本です。

「みなさん　おいでってくなんせ!!」と、東北に誘《いざな》ってくれます。

とにかく東北に行くこと。東北に関心をもつこと。それも大事な応援だと思っています。

『しょんぼりしないで
ねずみくん！』
ジェド・ヘンリー〔作〕
なかがわちひろ〔訳〕
小学館（2013・02）

しょんぼりしているねずみくんに森の仲間たちがそれぞれアドバイスしてくれます。「飛んでごらん」と鳥さん。「なけばいい」とカエルさん。でも、どれも自分にあった都合のいい励まし方で、ねずみくんの参考にはなりません。ねずみくんは、いつの間にかみんなの前から姿を消しました。森の仲間たちは、ことばよりも大切なことがあることに気づきます。人は悲しんでいる人と全く同じにはなれません。でも、寄り添い、見守ってくれるだれかがいるという安心感が、次の一歩を踏み出す力になるのかもしれません。

『なんていいんだ
ぼくのせかい』
荒井良二〔作・絵〕
集英社（2012・11）

『ぼくときみと
みんなのマーチ』
荒井良二〔作・絵〕
学研教育出版（2012・03）

「被災者もそうでない人も、希望を持って前に進んでほしい」という願いを込めて、伸びやかなカラフルな絵とリズムのあることばで描いた絵本です。

『なんていいんだ　ぼくのせかい』に、軍靴らしき大きな黒い靴に踏みつぶされ、涙を流している子どもたちの場面があり、ドキッとしました。二冊とも、何があっても前に進む子どもたちが力強く描かれています。

『にこにこぽかぽか』『てをつなごう』
きむらゆういちのゆかいななかまたち〔作〕
今人舎
（2013・4）　（2012・10）

「安全地帯に身をおきながら〝がんばれ〟と言うのではなく、できることをしよう」という絵本作家・きむらゆういち氏の呼びかけでできた本です。きむら氏が講師をつとめる「絵本講座」の受講生十人による、発想もストーリーも画風もまったくちがう五つの楽しい作品が収まっています。

『てをつなごう』のあとに、第二弾として『にこにこぽかぽか』が出版されました。

『空より高く』CD絵本
新沢としひこ〔作詞〕
中川ひろたか〔作曲〕クニ河内〔編曲〕
石井麻木〔写真〕
クレヨンハウス（2013・03）

『空より高く』は、幼稚園や保育園で、二〇年以上も親しまれ、歌われてきた歌です。園児が歌ったこの曲のCDは、震災後、ラジオの安否情報の合間に流され、被災地の人たちを励ましたそうです。その取材から岩手放送が制作したラジオ番組「空より高く～被災地に届け！園児の歌声」は、日本民間放送連盟が主催する日本放送文化大賞で、グランプリを受賞しました。

この絵本は、この歌詞にさわやかな写真が付いたものです。CD付きなので音楽も同時に楽しめ、卒園・卒業式にも使えるように配慮されています。

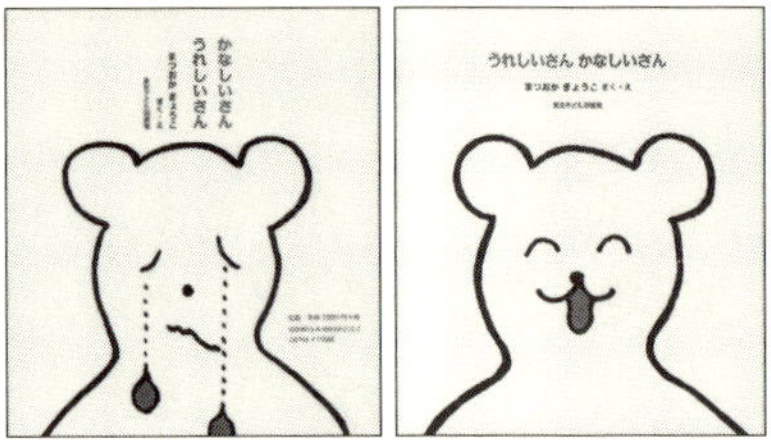

『うれしいさん
かなしいさん』
まつおかきょうこ〔作・絵〕
東京子ども図書館　（2012・09）

本の前と後ろの両方からクマの「うれしいさん」と「かなしいさん」のそれぞれのお話がはじまります。

まん中でふたりは出会い、隠れたページを開いてみると、大勢の子どもたちの笑顔であふれたカラフルな場面に一転します。

最後に出会ったふたりの手にしっかり握られているのは、パンと本。子どもたちの心身の健やかな成長を願う著者の願いがこめられているように思いました。

発行元である「東京子ども図書館」は、震災直後から「3・11からの出発」という支援活動をしています。

『はしるってなに』
和合亮一〔文〕
きむらゆういち〔絵〕
芸術新聞社（2013・07）

東京電力福島第一原発事故により、福島では大勢の子どもたちが、理不尽で不安な生活を余儀なくされています。

子どもたちの笑顔を願い、福島の大学生や有志で立ち上げた「絵本づくりプロジェクト」から生まれた絵本です。

タイトルとなった詩は、福島で仕事をしている父と離れ、青森に避難した少年が、いつも父と海岸を走っていた思い出を「ひとりで走り続ける」覚悟に昇華させて、まっすぐな詩にしています。

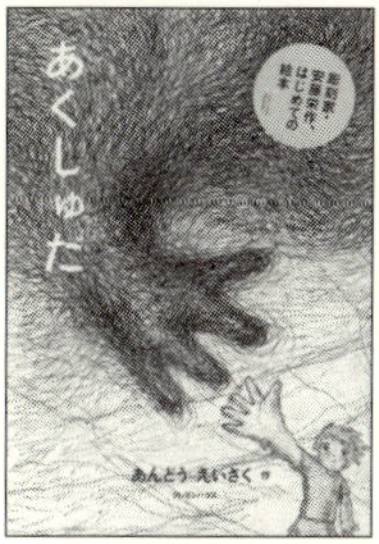

『あくしゅだ』
あんどうえいさく〔作〕
クレヨンハウス（2013・04）

原っぱで、突然盛り上がった木とともに歩きだした少年は、行く先々で荒れ狂う大地や空、海と果敢に握手していきます。

彫刻家である著者はいわき市在住で、東日本大震災による津波で、アトリエにあった数百体の彫刻作品と愛犬を失ったそうです。

多くを失ってもなお、自然とも人とも分断されないでつながりあい、愛し続けたいという著者の願いが伝わってくる、素朴なクレヨン画の絵本です。

『うみねこいわてのたっきゅうびん』
関根栄一〔文〕横溝英一〔絵〕
小峰書店（2012・05 復刊）

うみねこに依頼された卵を、八戸から宮古まで運ぶことになったキツネのたっきゅうびん屋さん。卵はていねいに包装されて、三陸鉄道で運ばれます。

道中で、いろいろな人間に化けたキツネが次々に乗り込み、卵はリレー方式で大切に目的地に運ばれます。

一九九〇年十月初版の本ですが、東日本大震災で被災した三陸鉄道復旧支援のために復刊されました。

震災前の三陸リアス線の自然の美しさが味わえます。

『あたまがふくしまちゃん』
のぶみ・宮田健吾〔作〕
ＴＯブックス（2013・07）

「あたまがふくしまちゃん」は福島復興支援のシンボルとして生まれたゆるいマスコットキャラクター（通称ゆるキャラ）で、福島のことが大好きで、頭が福島県の形になった五歳の女の子です。彼女が通う幼稚園には、四七都道府県の頭の形をした、友だちがいっぱいいます。

ちょっとした誤解から仲間はずれになった主人公が、皆と仲よしになるまでを伸びやかな絵で描いています。

絵本の印税は、福島の子どもたちのための、インドア施設の建設に使われるとのことです。

『ロロとレレの
ほしのはな』
のざかえつこ〔作〕
トム・スコーンオーヘ〔絵〕
小学館（2013・05）

「3・11後、世界から私たちの未来を考える」というテーマで、降矢なな氏たち日本の絵本作家と世界の作家一一〇名の絵の展覧会「手から手へ展」が、欧州五か国と日本を巡回しました。この企画展から生まれた絵本で、降矢氏が解説を書いています。

「子どもたちに生きやすい未来を残すためにも、影響し合い、つながりあって生きていこう」という願いを登場人物のこびとたちに託し、つながることで訪れる明るい未来が、柔らかな色調で象徴的に描かれています。

『FROM HAND TO HAND』
「手から手へ」実行委員会事務局
（2013・02）

前の本の記事で紹介した「手から手へ展」の原画作品集。「未来の日本と子ども」に寄せる深い願いを託した日本内外の一〇三人の絵本作家の絵が収録されています。同じページに、絵を描いた作家のプロフィールとメッセージが紹介されているので、さらに想いがストレートに伝わってきます。改めて日本の未来を考えさせられます。

また、さまざまな作家の作品や感性に触れることもできます。質も量もずっしりと厚みと重みがあり「忘れない」ためにも愛蔵版にしたい作品集です。

■自然災害の脅威に向き合う（地震・津波）

地震だけでなく、巨大な津波の襲来で、さらに脅威が増幅しました。絵本にも被災のすさまじさと今後への教訓、陸前高田市の一本松に象徴される復興への願いが描かれています。

『つなみ てんでんこ　はしれ、上へ！』
指田和〔文〕伊藤秀男〔絵〕
ポプラ社　（2013・02）

『つなみ てんでんこ　はしれ、上へ！』

ページを開くと、迫力のある絵が目に飛び込みます。中学生たちが小学生や地域の人々に声をかけたり、また守ったりしながら、さらに上を目指して、必死の形相で津波から逃げようとしています。その数も半端でなく、群れをなしているようすに緊迫感が伝わってきます。

中学生が防災教育のなかで作った安否札《あんぴふだ》（避難行動を書いて他の家族に知らせる札）のおかげで、家族がすでに避難したことがわかり、自分の身だけ守って助かったおじいさんもいます。

「つなみてんでんこ」は、津波がきたら、とにかくてんでに自分の命を守って逃げようという合言葉だそうです。「じぶんのいのちは、じぶんで守れ！」「そうだ、にげろ！　はしるんだ、上へ！」

中学生が発信し続けたこのことばは、実際に地域の人たちを助けただけではなく、これからも起こるかもしれない津波への必死の警告でもあり、津波で亡くなった人たちへの鎮魂でもあると思いました。精魂こめたていねいな描写の、臨場感のある絵が圧巻です。

『「あの日」のこと』
高橋邦典〔写真・文〕
ポプラ社　(2011・06)

『「あの日」のこと』

地震と津波がもたらした、目を覆いたくなるような、被災地のすさまじい情景がどのページにも展開します。被写体としてそこに立つ人たちは、その日まで普通の生活をしていました。苦難をのりこえて生き抜く人たちを、カメラとことばで追っています。

跡形もなくなったわが家のさら地で、茫然と遠くを見ている人。貯めていたお金を探している人。半壊した家でギターをつま弾く人。避難所で肩を寄せ合う家族。どの人も、重い、苦しい体験をしていることがしのばれます。

大切な品がガレキになってしまった地で、被災した人たちのことばは、ズシンと強く胸に響きます。そのまなざしも、静かに、そしてまっすぐに震災の酷《ひど》さ、惨《むご》さを語りかけてきます。著者は仙台市生まれの報道カメラマンで、あとがきで「彼らはどんな状況にあっても忍耐強く、思いやりが深い。ページからこちらを見つめる彼らにまっすぐ向かいあってもらいたい。そして想像力をもって

『くまのリッキーとにじいろのたまご』
ジョナサン・ウィルソン〔原作〕みなみななみ〔文〕
グラハム・フレミング〔絵〕
イーブック出版 (2012・02)

彼らのことばに耳を傾けてほしい」と述べ、「被災地の人々と正面から向きあうことが私たち一人ひとりには何ができるかを考え、行動に移すことへの布石になると思う」と結んでいます。

『くまのリッキーとにじいろのたまご』

海辺のおもちゃ屋さんの棚に、虹色のイースターエッグを胸につけたぬいぐるみのクマがいました。お店に来た女の子はそのクマが気に入り、母親にねだりますが買ってもらえません。

そんなある日、強い地震で棚から落ちたクマは、大きな津波にさらわれました。海中でもがくうちに、流れてきたバケツに乗ってなんとか難を逃れ、浜辺に打ち上げられます。

その後、このクマと、クマを気に入っていた女の子の運命はどうなるのでしょう?　思いがけない結末が待っています。

「大丈夫。これで終わり、じゃないよ」

「希望は失望で終わることはない」

という作者の思いがこめられた創作絵本です。

『あのひのこと』
Remember March 11,2011
葉祥明〔絵・文〕
佼成出版社（2012・03）

海の近くに住んでいた少年の目線で、大震災前後の激動の日々を追っています。

突然襲った大きな揺れのあとの大津波。家族と離れ離れになってしまった少年は、家族の安否を気づかいながら不安な夜を過ごします。次の日の朝、少年は、何もかもなくなってしまった変わり果てた町を目にします。家族との再会。祖父との別れ。浜辺での犬との出会い。少年が体験した「あのひのこと」と、激しくゆれ動いた心情が、パステルカラーの優しいタッチの絵で描かれています。英訳付きです。

『タンポポ
あの日をわすれないで』
光丘真理〔文〕山本省三〔絵〕
文研出版　（2011・10）

牛を飼っている畜産農家の女の子が、授業中に大地震にあい、津波で家をなくします。学校は山の上にあるので津波はまぬがれましたが、地震の避難所になりました。

南三陸町を舞台に、引っ越した友人や、命を亡くした人たちに、「タンポポの綿毛が届きますように!」と願いを託す少女の話です。

宮城県出身の作者は、取材中に大震災にあい、避難所で一週間生活します。そこで出会った子どもたちへの思いが、ぬくもりのある絵となって表現されています。

『およぐひと』
長谷川集平〔作・絵〕
解放出版社　（2013・03）

家具や家などが流されている海で、必死で泳いでいた男の人が、やがて透明になり消えました。電車にいた赤ちゃんを抱いた母親も、「あそこにはもう帰れません」と言って消えました。表紙絵の男の人は、あの日、新聞やテレビでは伝わらなかったたくさんのことを見聞きしていたようです。でも「パパ、あそこで、なにがあったの?」と問う娘のまっすぐな目に答えることができません。

重い真実が封印を解かれ、ことばにならない事実を受け入れることができるのはいつのことでしょう。

『震災の石巻
井戸水とお父さん』
千葉直美〔文〕阿部悦子〔絵〕
創風社　(2012・11)

「津波だ、逃げろ」と、みんなに叫んで知らせていたサチコの父親は、とうとう家に帰ってきませんでした。母親は毎日、泥の中を探し回っています。

水道の水も出なくなりましたが、一軒の古い家の井戸には水がありました。濁っていた水は、不思議なことにしだいに澄んでいき、汲んでも汲んでもつきません。死者と生き残った者の魂の交流を井戸水に託して描いています。

この本の作者と画家は、共に震災・津波で四千人の死者を出した石巻市に在住です。

『子どもたちはどこに
―がれきの中のスイカ―』
岡田純也〔文〕　羽溪了〔絵〕
ＫＴＣ中央出版 (2012・03)

二匹のテントウムシの目線で震災と津波体験が語られています。このテントウムシは、幼稚園の庭でかくれんぼに興じていた子どもたちと、楽しくあそんでいました。ある日突然、地面が揺れ、町は大津波にのまれてしまいました。ガレキになった町へ仲よしだった子どもたちを探しにいったテントウムシは、津波で壊された岸壁の割れ目からわずかに芽を出していた小さなスイカを見つけます。このスイカは、幼稚園の畑で育てられていたスイカでした。

生き延びようとする小さな命に希望を託しています。

『みんないっしょに
―がれきの中のスイカ―』
岡田純也〔文〕　羽溪了〔絵〕
ＫＴＣ中央出版 (2013・03)

前出の『子どもたちはどこに―がれきの中のスイカ―』とテーマも作者も同じです。続編かと思ったら、共通の題材もありますが、筋立ては少しちがいます。

こちらは幼稚園の先生が園児を守りつつも、保育園の自分の子の心配をする設定です。この間の先生の葛藤や家族への愛に、リアリティがあります。

著者は京都女子大名誉教授で、被災地でボランティア活動に取り組んできた体験を二冊の絵本にしました。売上の一部は被災地に寄付されます。

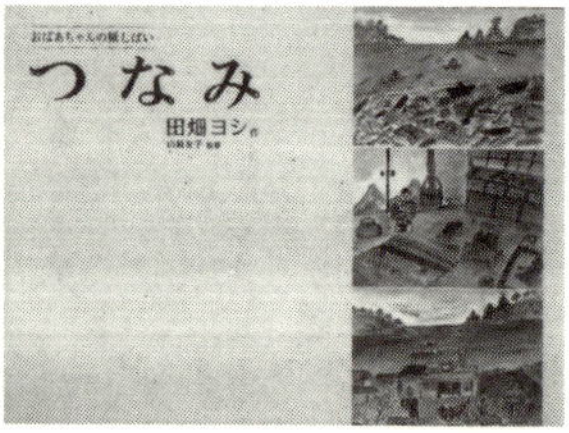

『つなみ』
田畑ヨシ〔作〕山崎友子〔監修〕
産経新聞出版　(2011・07))

著者は大正十四年（一九二五年）に岩手県宮古市田老地区に生まれ、八歳の時に大津波で母親を亡くしました。

孫が誕生した一九七九年に、その体験を紙芝居「つなみ」として制作し、以来、三〇年以上も体験を語り継ぐボランティア活動を続けてきました。

3・11震災でも津波で家を流される不幸にみまわれますが、高台に逃げて難を逃れます。

「最も怖いのは、忘れてしまうこと」という著者の強い願いが絵本になりました。

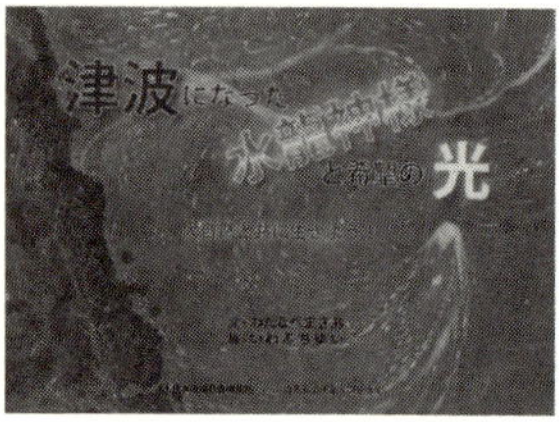

『津波になった水龍神様と希望の光』
わたなべまさお〔文〕
いわぶちゆい〔絵〕
日本地域社会研究所
(2012・12)

遠い遠い昔、神さまは「地球を大切にしてほしい」と願って木、花、草、虫、動物、人などいろいろなものを地球に作りました。

自然を敬《うやま》い、共存しながら生きることの大切さを神道の精神からつづった、どちらかというとおとな向けの啓発絵本です。

『大津波伝説
てんでんこ』
ひつじ あかね〔作・絵〕
講談社ビジネスパートナーズ
(2012・02)

石巻市出身の著者が、「大津波伝説」は決して伝説ではなく、悲しい歴史のある実話であることを、思いを込めて伝える絵本です。

「津波てんでんこ」は家族の命を守るために代々言い伝えられてきた「合言葉」だということも。

『TSUNAMI!! 津波』
小泉八雲〔原作〕
カジカワキミコ〔再話〕
エド・ヤング〔絵〕
グランまま社
(2011・10)

海辺の小さな村はお祭りの最中です。丘の上で海を眺めていた長老のじじさまは海の異変に気づきます。

和歌山県の実話、津波から村人の命を救った『稲むらの火』が、貼り絵形式で絵本にしあげられました。

紙芝居『いなむらの火』
川崎大治〔文〕　降矢洋子〔絵〕
童心社（2011・06）

和歌山県のヤマサ醤油七代目当主、濱口儀兵衛（名前は絵本によりまちまちです）がモデルです。

　一八五四年（安政元年）、庄屋の儀兵衛が稲むら（刈り取った稲を積み重ねたもの）を焼くことで大津波の到来を村人に知らせ、命を救った実話をわかりやすい言葉で紙芝居にしています。一八九六年に、ラフカディオ・ハーン（小泉八雲）が短編集のなかでこの物語を書いて儀兵衛のことを紹介しました。その後、和歌山の教員が子ども向けに書き改めた物語は、「稲むらの火」として小学国語読本に掲載されたそうです。

『津波!!
命を救った稲むらの火』
小泉八雲〔原作〕　高村忠範〔絵〕
汐文社（2005・04刊　2011・08復刊）

一八五四年、紀伊国広村を襲った安政の東海地震による津波は、多くの家を流しました。

　でも死者が出なかったのは、五兵衛（浜口御陵）が稲むらに火をつけ大事を知らせたからでした。

　四年後の一八五八年には、五兵衛の尽力で防波堤も完成し、八八年後の南海地震でも津波から村を守ります。

　復刊した版には、東日本大震災のことについて、書き足されています。

『津波!!
稲むらの火　その後』
高村忠範〔作・絵〕
汐文社（2011・08）

二〇〇五年に出版された上記の本のその後を描いています。

　五兵衛はその後、度重なる被災で村を離れようとする村人のために、私財をなげうってさまざまな事業をします。

　その一つが防波堤建設で、今のお金で五億円の費用を自ら負担し、雇用の場をつくり、同時に村を津波から守ります。

　本の最後に、浜口御陵や防波堤、東日本大震災についての簡単な解説もついています。

『奇跡の一本松』
大津波をのりこえて
なかだえり〔文・絵〕
汐文社（2011・10）

陸前高田市の松原七万本の内、津波で助かったのはたった一本だけでした。樹齢二五〇年の大きな松です。多くを失った風景の中で、その姿は、なんと凛々しく心強かったことでしょう。多くの人たちの希望の象徴として世界から注目されました。その事実と歴史を物語風に描いています。この松を、数人の方が絵本に描いています。

『きせきの一本松』
のはらあい〔文・絵〕
俵慶〔発行〕
河出書房新社〔発売〕
（2013・03）

これも陸前高田の一本松を「松にゃん」という主人公に設定し、ファンタジーの手法で可愛いイラストで描いています。

『松の子ピノ
音になった命』
北門笙〔文〕たいらきょうこ〔絵〕
小学館（2013・02）

この絵本も津波に耐えて残った陸前高田市の一本松に思いを重ねて、ファンタジーの手法で描いています。

主人公は、子どもの松のピノで、大津波にあい、両親や友だちを亡くしました。悲しみのなか、孤独な毎日を送っていたピノは、楽器職人のおじいさんに出会います。おじいさんはピノを慰めようと、松の流木でバイオリンを作りました。流された松の魂は美しい音色になって奇跡を起こします。

命が、次の世代にしっかりバトンタッチされることで、希望が見える結末になっています。

『地震の夜にできること。』
松本春野〔文・絵〕
角川書店（2011・08）

ファンタジックな絵に添えて、心和む詩のようなことばが続きます。やさしいことばかけ、楽しいことの想像、一人ではないという安心感。それが不安な夜を乗り越えるために大事なことだと理解できます。

本のうしろに「子どもの不安にどう向き合うか」について、教育学者の汐見稔幸氏が、「子どもは直感で親の心を感じ取る」「まずは、自分自身の不安を解消すること」「頼れる相手がそばにいないときは？」「できる限りの保護をして、子どもを外で遊ばせる」などについて、おとな向けにコメントしています。

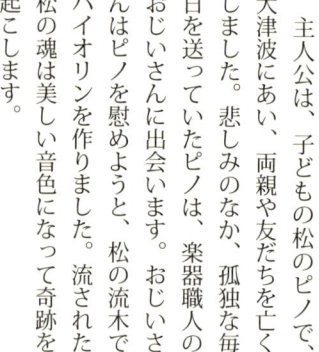

『ガタガタ村と大ナマズ』
山王三・四丁目自治会〔文〕寺田順三〔絵〕
Z会（2012・03）

東京都大田区山王自治会は防災活動が盛んで、ついに絵本まで作ってしまいました。

動物たちの住む森が舞台で、地震を「大ナマズ」と設定し、サルの村長さんの防災意識のはたらきかけに、動物たちがさまざまな反応をするところが楽しく描かれています。「防災なんか」と軽くあしらって備えも訓練もしなかったキツネさんの運命は……？

巻末に各家庭で話し合って、避難場所・連絡先・血液型などが記入できる「防災カード」も入っています。

『震災後のこころのケアのために
かばくんのきもち』
とみながしげき〔文〕　しむらはるの〔絵〕
遠見書房（2011・08）

悲しいこと、いやな体験は非常なストレスを生みます。幼い子どもにとってはなおさらです。

臨床心理士の著者は、阪神淡路大震災後、被災者、支援者の心のケアをしています。

前半はかばくんが登場するやさしいイラストで、「安心・絆・表現・チャレンジ」でストレスを軽減する方法を述べています。

後半では『かばくんのきもち』を見ての感想や質問に答えるという手法で、心理学上の知識や、ゆっくりあせらずに生活に適応していく具体的な方法などを紹介しています。

『こわかったあの日に
バイバイ！
トラウマとEMDRのことがわかる本』
アナ・M・ゴメス〔作〕市井雅哉〔監修〕
大塚美菜子〔訳〕角慎作〔絵〕
東京書籍（2012・05）

PTSD（心的外傷後ストレス障害）の治療法の一つ、EMDR（眼球運動などで、体や心のなかのストレスを細分化し、消化して外に出すことで少しずつ心が軽く元気になっていく方法）について、子どもに語りかけることばで描いています。

監修の市井氏が東北の被災地の支援に行くことがきっかけとなってできた、治療についてのわかりやすい導入書です。臨床心理士をはじめとする、子どものトラウマ治療に関わる関係者に向けて描かれていますが、子どもからおとなまで、すべての人の参考になりそうです。

『あさになったので　まどをあけますよ』

荒井良二〔作・絵〕
偕成社　(2011・12)

■人がつくった脅威に向き合う（原発・放射能）

東京電力による福島第一原発事故は大きな衝撃でした。恥ずかしいことに、それまで原発の問題がまったく自分のものになっていない私でした。絵本でも、いろいろな立ち位置からの発信があり、福島のことだけでなく、世界や過去のさまざまな課題にも目を向けさせてもらうことができました。

『あさになったので　まどをあけますよ』

原発事故で、安心して窓をあけられなくなった地域が多くありますが、この事実がどんなに苦痛なことか、想像しただけでも息苦しくなります。

この絵本は、「あさになったので　まどをあけますよ」のくり返しです。窓をあければ、新鮮な空気がはいってきます。場面は山に、街に、そして海の近くなどに変わります。どの場面も気持ちのいい風が吹いている心地よい風景が広がります。

その日常を淡々と描いただけ。美しい自然や、人の声がするにぎやかな街を背景に、ただそれだけがくり返し描かれています。

あたりまえのことを奪われるとはどういうことか、を気づかせてくれる絵本です。3・11を念頭に置いた絵本はたくさん出版されましたが、私が最初に出会った関連絵本で、「ああ、絵本ではこういう表現ができるのだ！」と衝撃を受けました。

『旅の絵本Ⅷ』日本編
安野光雅〔作〕
福音館書店　（2013・05）

『旅の絵本Ⅷ』日本編

世界各地の旅の魅力を紹介している『旅の絵本』シリーズの八冊目は日本編です。著者の故郷、津和野をはじめ、合掌造《がっしょうづく》りの家々、お花見や田植え風景、お祭り、収穫、紅葉と季節の移り変わりとともに、電気が普及する前後の、牛も馬も家族だった懐かしい昔の日本の風景が、細やかなタッチの水彩画で描かれています。

そして、大震災の復興のシンボルといわれた陸前高田市の一本松も、穏やかな海辺の風景の中にしっかりと描かれています。ことばの記録だけでなく、私たちは絵からも過去の風景や人間の営みを知ることができるのですね。

あとがき「電気のなかったころのこと」で、著者は思いをこめて東日本大震災のことにふれ、とりわけ、原発事故で尊い教訓をたくさんもらったと述べています。著者は、あえて電気のなかった時代の日本の風景を描くことで、便利すぎる生活になれてしまった私たちに「未来への覚悟」の道筋を見せてくれたのだと思います。

『イラクから日本のおともだちへ』
小さな画家たちが描いた戦争の10年
佐藤真紀・堀切リエ〔文〕JIM-NET〔協力〕
子どもの未来社（2013・02）

『イラクから日本のおともだちへ』

湾岸戦争のとき、アメリカ軍の使った劣化ウラン弾の放射性物質を吸いこんだために、のちにガンになったと思われる子がイラクには大勢います。ページをめくると、否応なく戦争に巻き込まれた子どもたちが描く素朴な絵が続きます。幼い子どもたちの目に映《うつ》ったものは、美しい空や樹木の自然でもなく、楽しくむじゃきに遊びあう友だちとの交流でもありません。空から落ちてくる爆弾だったり、涙を流す人の姿だったり、白血病で鼻や口から血を流す子どもの姿だったり……なのです。

彼らのまっすぐな目は、何を私たちに訴えたいのでしょう。そんなイラクの子どもたちは、3・11を体験したわが国に、こんなメッセージを寄せています。

「日本のおともだちへ　私たちは日本の皆さんのことが、とても心配です。心はいつも、日本のともだちの皆さんといっしょです」

「日本のみなさんへ　花をおくります。みなさんの心の中に、花がさいてほしいとねがっています」

このメッセージのページには、それまでとうってかわってカラフルな美しい花が咲き乱れている絵が描かれていて、心打たれます。

本の下部に、小さな字で情報と年表がさり気なく書かれているので、イラク

『ちきゅうの子どもたち』
グードルン・パウゼヴァング〔作〕
アンネゲルト・フックスフーバー〔絵〕
さかよりしんいち〔訳〕
ほるぷ出版　（1990・03 刊　2011・08 復刊）

戦争から十年の間に、なにが起こったのかがわかります。そのイラクから、被災した日本に八億円の義捐金が届いたことも……。

『ちきゅうの子どもたち』

著者は、ドイツを代表する児童文学作家のひとりで、『みえない雲』（128ページにマンガ版を紹介）という作品を書いたことでもわかるように、環境・原発問題などメッセージ性の強い作品を書いています。

この絵本は地球を擬人化して、地球の目線で描いています。海も山も空気も汚れてしまったうえに、今度は原子炉が眠っていた力を目ざめさせてしまいました。地球は、「いったい、どうなってるの？」と人間に訴えます。でも、おとなたちは何をいっても聞く耳をもちません。そこで、子どもたちに訴えると、子どもたちは驚いて地球の行く末を心配します。

おとなにもわかってもらうには……？

自然破壊への怒りと、子どもに未来を託す著者の熱い思いが伝わってきます。

『おじいさんとヤマガラ
3月11日のあとで』
鈴木まもる〔作・絵〕
小学館（2013・03）

福島の山のふもとで暮らすおじいさんは、毎年六つの巣箱を作り、林に置きます。でも、原発事故の次の年には、六つのうち二つしか雛が巣立ちませんでした。心なしか鳥の数も減っています。

チェルノブイリの後で、年月は経ったものの、再び生態系が蘇った鳥の話も描かれていて、ほのかな希望もあり、生きとし生けるものの命への慈しみを感じます。

「おじいさんの心配はみんなの心配です」という帯のことばに、深く共感しました。

『8月6日のこと』
中川ひろたか〔文〕長谷川義史〔絵〕
ハモニカブックス〔発行〕
河出書房新社〔発売〕（2011・07）

原発事故で、私たちは広島に落とされた原爆の怖さを改めて思い起こしました。題名からわかるように、広島の原爆のことを描いています。

中川ひろたか氏が、広島で亡くなった伯父、被爆者となった母親の体験を文章にし、長谷川義史氏が力強い絵を添えています。

原爆が投下された瞬間が、見開きでまっ白な海面の場面に描かれていて印象的です。

英訳もありますので、世界の人々に手渡せる絵本となりました。

『ふくしまからきた子』
松本猛・松本春野〔作〕
松本春野〔絵〕
岩崎書店 （2012・03）

原発事故のため、福島から逃れ、広島に引っ越してきた女の子とサッカー少年の交流を描いています。

今までとまったく違う生活を余儀なくされている子どもたちは、二重三重の苦しみを体験していることも多いでしょう。少女のさびしさを救うきっかけとなったのは、少女の大好きなサッカーでした。

そしてまた、引っ越し先の広島にも、過去に原爆が落ちるという歴史があったこともあきらかになっていきます。

巻末で、放射能や原発に関しての資料も紹介しています。

『カリーナのりんご
チェルノブイリの森』
今関あきよし〔原作〕堀切リエ〔文〕
子どもの未来社（2012・02）

チェルノブイリ事故のその後を描いたこの写真絵本も、決して希望が持てる内容ではありません。

主人公の少女の名は「カリーナ」。その意味は、赤い実を食べると元気になる木の名前です。

母親は被曝し、血液のガンである白血病で入院しています。放射能汚染は、家族をバラバラにしただけでなく、人の気持ちもバラバラにしました。

このお話は、多くの苦難のなかで、今なお解決の糸口も見えていない福島のお話でもあります。しっかり見据えたい絵本です。

『さがしています』
アーサー・ビナード〔作〕
岡倉禎志〔写真〕
童心社（2012・07）

『ここが家だ
ベン・シャーンの第五福竜丸』
ベン・シャーン〔絵〕
アーサー・ビナード〔構成・文〕
集英社（2006・09）

『ここが家だ』で、ビキニ環礁で被爆した第五福竜丸※のことを絵本にしたアーサー・ビナード氏は、「ヒロシマ」にも目を向け、改めて原爆のこわさを訴えています。

この写真絵本『さがしています』の語りべたちは、一九四五年八月六日に広島に落とされた原爆により、焼け焦げたり、形もいびつになったりした時計、弁当箱、やかんなどの「もの」たちです。

一瞬にして別れてしまった自分の大事な持ち主を探しているのです。語りべたちは、広島平和記念館に所蔵されていて、絵本の最後にそれぞれの背景（プロフィール）が克明に記されています。

3・11後、脱原発の発信を精力的にしている著者渾身の作です。

※第五福竜丸

一九五四年三月一日に、アメリカの水素爆弾実験により、マーシャル諸島近海にて被爆した静岡県焼津市の遠洋マグロ漁船。

『ほうしゃのうが
降ってきたの』
くまがいこうぞう〔作〕
PILAR PRESS（2013・01）

五歳の女の子の素朴な疑問に答えるかたちでできています。

放射性物質はどこから来て、どこに行くのか？　体に浴びるとなぜ危険か？

放射線は病院の検査などで使うこともあるけれど「注意して使わないといけない」とも伝えています。

『みえないばくだん』
たかはしよしこ〔文〕
かとうはやと〔絵〕
小学館（2011・12）

原発事故を受けて、ブログに発信した文から生まれた本です。

放射性物質の影響は、目に見えないからこそこわいと、その不安を描いています。おとな向けのメッセージ性の強い絵本です。

『風太の菜畑』
青木ガリレオ・出泉アン〔作〕
青山ライフ出版（2012・10）

風太は麦わら帽子をかぶり、風とともに走りまわる、畑や原っぱが大好きな男の子です。ある日、近くの原子力発電所の事故で村に住めなくなります。それでも防護服を着て村に入り、大好きな菜の花を植えていきます。三〇年後の村と風太はどうなっているのでしょう？

『やっぺはぁ！
希望の光』
石山誠〔作・絵〕
SEEDS 出版（2011・9）

福島市にある「こどものいえ　そらまめ」は、シュタイナーの教育学に基づき、保育実践をしている保育施設です。「幼児期は、風にそよがれ、草花を摘み、虫と戯れて育つもの」という保育を願っていましたが、放射性物質に汚染されてしまいます。子どもたちを守るために、いち早く除染を行ったようすが、同園の保育士の文と絵で描かれています。支援の輪も広がりましたが、絵本は「つづく…」という重いことばで終わっています。「やっぺはぁ」は「やりましょう！」の福島弁で、英訳すると、「Ｌｅｔ 's Ｄｏ Ｉｔ！」すべての文に英訳が付いています。

『ひまわりのおか』
ひまわりをうえた八人のお母さんと葉方丹〔文〕
松成真理子〔絵〕
岩崎書店（2012・08）

■命に寄り添う

多くのかけがえのない命の時間が止まったとしても、生きていた証《あかし》は、遺された者の記憶に深く刻み込まれ、心のなかで生き続けることでしょう。絵本を読んだ人の心のなかにも。

『ひまわりのおか』

石巻市大川小学校では一〇八人の生徒のうち、七四人の子どもたちと一〇人の先生が津波で命を奪われました。

悲しみを抱えながら、八人の母親が丘にひまわりを植えます。父親たちも水やりを手伝い、丹精込めて育てたひまわりは、太陽に向かって大きな花を咲かせました。

亡くなった子どもたちは、どんな子だったのか、どんなことが好きで、どんな性格で、どんな会話をしていたのか。

一人ひとりにスポットを当て、ひまわりの花の中で微笑む子どもたちの、それぞれの個性と生活が、八人の母親から愛情のこもったメッセージとともに語られます。

『いのちの時間』
ブライアン・メロニー〔文〕
ロバート・イングペン〔絵〕
藤井あけみ〔訳〕
新教出版社（1998・11）

『いのちの時間』

あとがきによると、訳者はヒューストンでチャイルド・ライフ・スペシャリスト※になるための研修を受けているとき、エイズ末期の五歳の男の子がこの絵本を読んでいる場面に出あい、リアルな生物たちの絵と淡々とした語り口に圧倒されます。

この絵本は、短い美しい詩と、ていねいに描かれた絵で、さまざまな動物たちの、それぞれの「いのちの時間」について静かに語りかけます。自然の営みのなかに死もあり、それは悲しいことには違いないけれど、長くても短くても、誰もがもっている「いのちの時間」なのだと……。

3・11以降重版されて、注目されている絵本としてご紹介しました。

※チャイルド・ライフ・スペシャリストとは、入院等で医療環境にある子どもと家族に心理的・社会的支援を提供する専門職。子どもや家族が抱えうる精神的負担を軽減し、主体的に医療体験に臨めるよう支援している。

『ハナミズキのみち』

大好きな町、大好きな海。美しい思い出の場面描写が続きます。

一転、あの東日本大震災の津波が平和だった町をのみつくした場面、そして、

『ハナミズキのみち』

浅沼ミキ子〔文〕黒井健〔絵〕
金の星社（2013・05）

その後の寒々とした風景が広がります。

天に召された「ぼく」は、悲しみにくれる母親を空から見ています。

そして母親に伝えます。

「ぼくが大好きだったハナミズキの木をたくさん植えてほしい。津波が来たとき、みんなが安全なところに逃げる目印になるように」と。

文を書いた浅沼さんは、陸前高田市に住み、東日本大震災の津波で二五歳の息子さんを亡くされました。

「ハナミズキの木を植えてほしい」と、ある日降ってきたという亡き息子さんのことばが、この絵本を描くきっかけになったそうです。

ハナミズキには、「自分の思いを受けてください」という花ことばがあるそうです。重い話ですが、優しい色合いのハナミズキに、親子の愛と、悲しみを乗り越える力を重ねて、救いを感じられるような美しい絵本になっています。

『いのちのふね』

鈴木まもる〔作・絵〕
講談社（2011・09）

暗い夜が明けようとしています。白い鳥の形をした「いのちのふね」が、静かに降りてきました。

命を終えあの世に旅立つ人や動物を乗せ、船は雲の上に行きます。

船を降りると、そこは平和な空間で、みんな穏やかな表情で下界に残された人たちを思い、愛情のこもった目を注いでいます。雲の上にいた人たちはずんずん若くなり……そして……。

命の輪廻《りんね》を、静かに美しい絵と文で描いています。死後の世界の平安と、命の再生をやさしく語りかけてくれます。

『月の貝』

名木田恵子〔文〕こみねゆら〔絵〕
佼成出版社（2013・02）

六歳のえなちゃんは、家も母親も津波で流され、おばあちゃんの家にひきとられました。

ある日、裏山で出会った少年に「月の貝」をもらいます。寝るときに、その貝を握っていたら、不思議に心が安らぎ、久しぶりによく眠れました。少年はいったいだれなのでしょう。

何もできなかったと自分を責め続ける少女の心の傷は、どのように癒されていくのでしょう。

喪失感のなかにいる子どもの平穏を祈る、作者と画家の気持ちのこもった絵本です。

『かあさんのこもりうた』

こんのひとみ〔文〕いもとようこ〔絵〕
金の星社（2012・10）

かあさんくまは、毎晩ぼうやに子守歌を歌います。そして、夜の森では、まねっこ鳥がかあさんくまそっくりの声で歌い始めます。

ある日、大きな嵐が来て、黒雲を発見したまねっこ鳥は大声で森中に危険を知らせますが、いつもまねっこしているので、信じてもらえません。

かあさんくまも、りんごの実をつむのに夢中で逃げ遅れ、とうとう家には戻りませんでした。

悲しみに沈むくまの姉弟ですが、思いがけないかたちで、母親のあふれるような愛情が届きます。

『みずたまり』

森山京〔文〕松成真理子〔絵〕
偕成社（2011・05）

主人公の少年タクが、ブランコの下にできた水たまりをのぞいていると、泣いている痩《や》せた女の子の顔が映《うつ》りました。テレビで見たよその国のその子は、家も家族も津波にさらわれていました。

タクのこぐブランコの向こうの青い空は、女の子の住む国の青空とつながっています。被災体験はなくても、テレビ等を見て、想像して相手のことを思いやる主人公の設定に好感をもちました。家族を亡くした子に「いつかしあわせになってほしい」という作者の願いが伝わってきます。

『季節はめぐる
3.11 後を生きる里山の<いのち>たちへ』

辻淑子〔作・絵〕
「戦争と性」編集室（2012・02）

美しい絵と文で、里山の自然の営みが冒頭に描かれています。

そして二〇一一年三月、自然に背いた人間の過ちにより、目に見えない不気味な物体が無数の命の上に降り注ぎます。一転、人の気配のなくなった福島の山里の風景に。

東京で環境保全運動に関わる作者が、福島県飯舘村を訪ねて見つめた生きとし生けるものの命を、愛情をこめて描いています。

放射性物質で汚された自然ともう一度向き合うことが、希望への出発であると作者は訴えています。

『いつか帰りたい　ぼくのふるさと
福島第一原発 20 キロ圏内から来たねこ』
大塚敦子〔写真・文〕小学館（2012・11）

■ノンフィクション

なにごともそうですが、現実のことや、体験者のことばには重みがあります。未曽有の被害をだした東日本大震災と、それに続く原発事故で、多くの人々とともに動物たちも甚大な被害をこうむりました。絵本で語られる当事者の言動から、私たちも想像をたくましくし、少しでも被災者に寄り添い、絵本に描かれたことを、３・11を「忘れない」ための縁《よすが》としたいと思います。

『いつか帰りたい　ぼくのふるさと　福島第一原発20キロ圏内から来たねこ』

原発事故により、住民が急ぎ避難《ひなん》したあとに、多くのペットや動物たちが、取り残されましたが、この絵本の語り手「キティ」もその一匹でした。大熊町の民家で保護され、写真家の著者にひきとられます。インターネットの情報で飼い主が見つかりましたが、仙台で避難生活をしている家族には、ひきとることができません。大切なペットだけれど、離れて暮らすという決断をせまられる現地の実態がよくわかります。

人からも動物からも、平安な生活を奪ってしまう原発事故の悲惨さとともに、困難に立ち向かう人や動物たちの絆の強さが伝わってきます。

『つなみのえほん』
くどうまゆみ〔文・絵〕
市井社（2012・05）

『きぼうのかんづめ』
すだやすなり〔文〕宗誠二郎〔絵〕
ビーナイス（2012・03）

『つなみのえほん』

南三陸町で津波災害を体験した著者は「故郷のゆたかさと悲しみを忘れないで生きてゆくために」この絵本を描いたそうです。

紙芝居にもなっていて、津波のこわさとその後の避難生活のようす、命の尊さなどが、ところどころに挿入してある五行歌に詠《よ》まれていて、ひしひしと伝わってきます。

故郷が消えてなくなったと思っていた著者は、四歳（当時）の息子さんの「こわれたふるさとがあるんだよ」というつぶやきに救われたと、あとがきに記しています。

『きぼうのかんづめ』

宮城県石巻漁港の、木の屋石巻水産の実話にもとづいた絵本です。大津波で傷つき泥だらけになりながらも流されずに残った缶詰は、被災者やボランティアの大勢の人の手により復活し、貴重な食料となりました。悲しみも喜びもともにわかち合った被災地の人たちの物語です。

著者は本の中にも登場する東京・経堂の飲食店「さばのゆ」で、震災以前から木の屋石巻水産を応援していました。震災後は缶詰を洗って販売するボラン

『こころのはなのさくところ』
のじまひさこ〔文・絵〕
文屋（2012・11）

ティアの中心的存在だったそうです。

ボランティアと被災地の皆さんとの信頼しあう関係は、当時も多かったと思いますが、これからも続いてほしいと思いました。

『こころのはなのさくところ』

二〇一一年三月はじめ、障がいをもつ人たちが接客や調理をする、自立支援のカフェが福島市で産声をあげました。

障がいのあるなしにかかわらず、働く喜びや安心できる居場所は、だれにも必要なことです。その願いから「匠《たくみ》カフェ」は、いくつもの課題をクリアして、ようやく生まれましたが、十一日に大震災にあいます。いったん運営できなくなったカフェですが、支援し、見守る人の協力で再開しました。

この絵本は、レストランに寄せるたくさんの人たちの愛情と思いが、温もりのある物語となって、詩的なことばと柔らかいタッチの絵でつづられています。

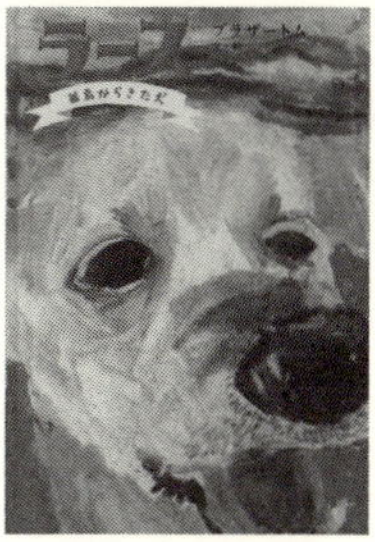

『ラース
福島からきた犬』
ブラザートム〔文・絵〕
SDP（2012・07）

ラースは、福島の原発事故の後、やむなく置いてきぼりにされ保護された犬の名前です。においもきつくてかわいくない犬です。

だからこそ、「ぼく」はこの犬を選び預かることにします。がまんして預かる気持ちが、隠さずに書かれています。

ボランティアだからといって完璧ではなく、悩みも弱みもあります。作者は本音を正直にユーモラスに記し、読者をほっとさせます。

その後展開した不思議な縁をも、明るく描いています。

『旅するクジラ』
すずきわたる〔原案〕前野博紀〔作〕
三好貴子〔絵〕
木楽舎（2013・03）

3・11から一年後、華道家の作者は自分でもできることはないかと南三陸を訪問し、惨状に衝撃を受けます。

そこで、ガレキを甦《よみがえ》らせることを思いつき、子どもたちの絵も利用してオブジェを作製しました。

子どもたちがそれを「クジラだ！」と呼んで喜んでくれたことに力を得て、オブジェは日本のあちこちを旅して歩き、被災の現実とともに希望をも伝えていきます。

故郷に戻ったクジラは今、「ホテル観洋」のロビーに飾られています。

『けいかいくいき
ぶたまるさんがいく』
マオアキラ〔文〕
さかもとひろかず〔絵〕
創風社出版（2013・03）

福島の原発事故で住むところを奪われたのは人間だけではありません。置き去りにされたペットや牛や馬などの動物たちは、食事もままならない生活に追い込まれました。

動物たちの惨状をテレビで知ったぶたまるさんは、仕事をやめ、福島に引っ越し、救援活動をはじめますが、多くのきまりが目の前に立ちはだかります。「動物たちも命がある。心がある。……これからでも間に合う。今、生きて、救いを待っている動物がいます。救うきまりをつくってください」という、怒りと願いが伝わってくる絵本です。

危機管理紙芝居シリーズ
『地震って、どうして起きるの？』
『地震がきたらどうするの』
『放射能ってなあに？』※
赤木かん子〔文〕 mitty〔絵〕
埼玉福祉会（2011・09）
（※のみ 赤木かん子／出井正道〔共著〕2013・06）

「紙芝居」から

3・11以降に出版された関連紙芝居を紹介します。セット購入という条件が多いので、幼稚園、保育園向きでしょう。

・幼児向けにやさしく語りかけていること。
・先生や友だちと一緒に見るので、安心感が持てること。
・会話のキャッチボールをしながら読みすすめられること。

などの紙芝居の特性を生かして、時と場合で使い分けるといいと思います。

上記三点のほか左記のものが出ています。

『あわてない　あわてない』仲川みちこ〔作・絵〕童心社

『防災かみしばい　おぼえてね！　あぶないときのおやくそく』全八巻
新井洋行他〔作・絵〕教育画劇
（全八巻の内、一巻で『できるかな？じしんのひなんくんれん』
三巻で『じしんが きたとき どうするの』が取り上げられています）

『じしんだ！　そのときどうする？』（全六巻）茂木清夫〔監修〕教育画劇
①はじめてのひなんくんれん　木暮正夫〔文〕篠原良隆〔絵〕
②まっくらぐらぐら　高木あきこ〔文〕間瀬なおかた〔絵〕
③けむりがモクモク　田沢梨枝子〔作・絵〕
④ナナちゃん、ヨッちゃん、おちついて！　本田カヨ子〔文〕田中秀幸〔絵〕
⑤こわかったおかいもの　宗方あゆむ〔文〕藤本四郎〔絵〕

第二章　児童文学からみる3・11

児童文学の分野にも3・11関連の本がたくさん出版されています。絵本には地震・津波の本が多くみられましたが、児童文学では放射能・原発に関連した本、子どもたちが自ら発信した本が多いように感じます。また、あとがきなどで「3・11以降、自分の中で何かが変わった」と書いている作者が多いように思いました。

ここでは3・11を意識して出版したと思われる、小学校低学年から中・高校生向けまでの本を、私の知る範囲でご紹介します。

年齢や体験が異なれば、同じ本でも受けとめ方が違うと思いますので、手渡すときに考慮していただけたらと思います。「本を読む喜び」がまずは先にあるべきですが、「3・11」を再考するための本として選書しました。

■立ち止まって考える（創作童話・詩・エッセイ）

「とにかく元気になって笑顔を取り戻してほしい。悲しい時間を忘れてほしい」という願いから生まれた物語や、3・11の体験や考えたことをファンタジー、詩、エッセイなどに著したもの、忘れないために記録として残したもの、3・11が重要な時代背景となっているものがあります。

創作の手法はそれぞれちがいますが、いずれも、子どもたちのすこやかな未

『草にすわる』
市河紀子〔選詩〕保手濱拓〔絵〕
理論社（2012・04）

『一さつのおくりもの』
森山京〔作〕鴨下潤〔絵〕
講談社（2012・11）

来を切に願っていることが伝わってきます。

『一さつのおくりもの』

クマのクマタは『かいがらのおくりもの』という本が大好きでいつも大事に読んでいます。読みながら本の中の登場人物に声をかけるほど大好きな本です。

ある日、山の向こうの村で大水が出て、住む場所をなくした子どもたちが学校で寝泊まりしていることを知ります。クマたちも災害にあった村の子どもたちに本を送ることにしました。クマタは、さんざん迷った末に、ようやく決心していちばん好きな本をあげることにします。

クマタのその絵本は、どんな子の手に渡ったのでしょうか？

被災地を想う気持ちと行動が、新たな繋《つな》がりを生む、後味のいい小学校低学年向きの物語です。

『草にすわる』『やさしいけしき』

「3・11後、平熱の詩集」と銘打って同時発売された二冊の詩集には、各編に選《よ》りすぐられた、しかも平明な三十七編の十八人の詩が入っています。

作者は故人から今も活躍している方まで幅がありますが、まどみちお、八木重吉、吉野弘、宮澤賢治、谷川俊太郎などお馴染みの詩人ばかりです。ささくれだった気持ちや傷ついた心が、一瞬鎮まるような研ぎ澄まされたことばが染《し》み入ってきます。

表題にもなった「草にすわる」は、八木重吉の「草に座ると、自分の間違いに気付く」といった意味合いの短い詩ですが、そのあとの谷川俊太郎の「間違い」の詩には、重吉の詩を受けて、「……まわりはコンクリートしかないから、私は自分の間違いを知ることができない……」というフレーズがあります。3・11以後「間違いを探しあぐねて」と著者の谷川氏は結びます。私も同じ気持ちなので、共感できました。

ことばを失うほどの大震災でしたが、二冊ともことばの力・詩の力が閉塞感を打ち破り、内面を見つめるきっかけにもなると感じたお薦めの詩集です。

『やさしいけしき』

市河紀子〔選詩〕保手濱拓〔絵〕
理論社（2012・04）

『ハンナの記憶』

お話は二〇一一年三月からはじまります。主人公の波菜子は、美術部に属している横浜の中二の女の子で、体育の時間中、大きな地震に見舞われます。

電車が止まったり、帰宅難民が出たり、テレビで見る東北の惨状、その後の原発事故の混乱、計画停電、家族の言動などは、まさに3・11当時の首都圏が

『ハンナの記憶』
I may forgive you
長江優子〔著〕
講談社（2012・07）

置かれていた状況そのものです。

波菜子は、地震で落下したおばあちゃんの荷物の中から、六七年前の友だちとの交換日記を手にすることになりました。おばあちゃんは、老人ホームに入る前の一週間、一時的に波菜子の家に滞在していたのです。

おばあちゃんには秘密があるようで、交換日記の相手はイギリス人と日本人の混血の少女で、ハンナといいました。おばあちゃんの過去に興味をもち、探っていくなかで、波菜子は戦争のむごい歴史も知ることになります。

第二次世界大戦のとき、敵国人として住む場所を追いたてられた人たちと、大震災や原発事故で居場所をなくした人たちの、理不尽な体験を重ねあわせてお話は進んでいきます。学校での友だちや先生との関係や言動も、チャリティで被災地の支援をする柔らかな発想も実際にありそうで、まさに「今」を切り取った読み応えのある児童文学になっています。

最後に中学生たちが決して社会に無関心ではないことも見せてくれます。3・11と物語をうまくリンクさせた、高学年向きの児童書になっています。

『パンプキン・ロード』

第二〇回小川未明文学賞の受賞作です。作者は原発事故のあった福島から逃

『パンプキン・ロード』
森島いずみ〔作〕狩野富貴子〔絵〕
学研教育出版（2013・02）

れ、現在山梨県で避難生活中だそうです。

主人公は小学五年生の早紀で、東京に在住。劇団員の母親が仙台地方公演中に大津波に巻き込まれて死亡し、山梨の母親の父であるおじいちゃんにひきとられます。母との確執があったらしく、早紀にとっては会ったことのないおじいちゃんですが、おじいちゃんが仕事としている彫刻を通して気持ちも通じ合っていきます。

あとがきによると、「パンプキン」のことばのはじまりは「熟す」という意味のギリシャ語で、それが「太陽に当たり熟した状態」に変化し、ラテン語、フランス語を経て「小さいもの」という意味が加わって、現在の英語「パンプキン」になったそうです。少女を支えてくれるペンションの名前が「パンプキン」で、おじいちゃんの畑でたくましく育つ野菜が「パンプキン」、さらに、ペンション特製の「かぼちゃスープ」は元気のもとです。

「パンプキン」をキーワードに、母親を亡くして運命が変わってしまった少女が、夏の太陽の下でさわやかに成長していく姿が温かい目線で語られています。

『白いガーベラ』

漆原智良〔編・文〕
今人舎（2011・08）

八人の作家と五人の画家が、すべての子どもたちに向けて「とにかく楽しい時間を」と願って書きつづった作品集です。

作家、画家たちの作風も文体も絵も違いますが、底に流れる子どもたちへの愛情は共通です。

被災のことには何ひとつ言及していませんが、題名の「白いガーベラ」の花ことばである「希望」が、思いを物語っています。

早い時期に、作家の願いと力を結集したこの作品集から、何冊かの単行本も生まれています。

『カミサマ』

篠原勝之〔作〕
講談社（2012・10）

六年生の男の子・拓海は、一人で秘密の納屋にいる時に大地震にあい、黒い津波が町をのみこむようすを目の当たりにしました。両親も家も津波にのみこまれ、愛犬と二人きりになった少年は、山に住む遠い親戚のオバアに引き取られます。しわだらけのオバアは見事なトマトを作るかたわら、自然を崇《あが》め、神様と人を取り持つ御幣《ごへい》（神にささげる白い紙）を扱う人でした。

風変わりなオバアと自然とのふれあいのなかで、傷ついた心が少しずつ癒《いや》されていく少年の話です。

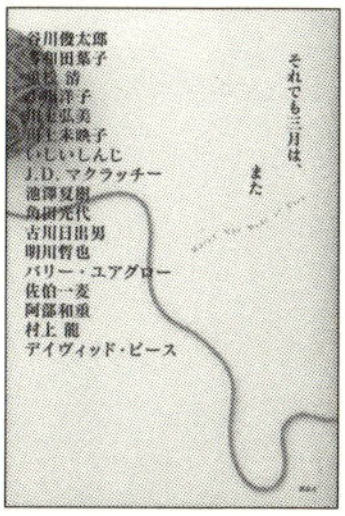

『それでも三月は、また』

谷川俊太郎ほか16名〔著〕
講談社（2012・02）

大震災から一年後に、もう質の高い創作短編集が出たことに驚きました。

谷川俊太郎、重松清、小川洋子、いしいしんじ、池澤夏樹などの名だたる作家十七人が「3・11」をテーマに創作しています。

それぞれの個性が出ていますが、どの作も「3・11」体験を、心身を潜り抜けたことばで、文学として昇華していると思いました。

中・高校生からおとなまで、文学としても、「3・11」を深く掘り下げる手立てとしてもお薦めです。

『希望の木』

新井満〔著〕
大和出版（2011・11）

陸前高田市の高田松原七万本のうち、唯一生き残った奇跡の一本松の目線で、一人称の散文詩として語っています。ＮＨＫ「ラジオ深夜便」でも紹介され、一本松の四季折々の美しい画像と、対照的ともいえる悲惨な状態の被災地の写真が添えられています。

高校三年生のときに、新潟地震と津波を体験したという著者が、被災地復興への祈りをこめて描いています。陸前高田市長のメッセージも収録されています。

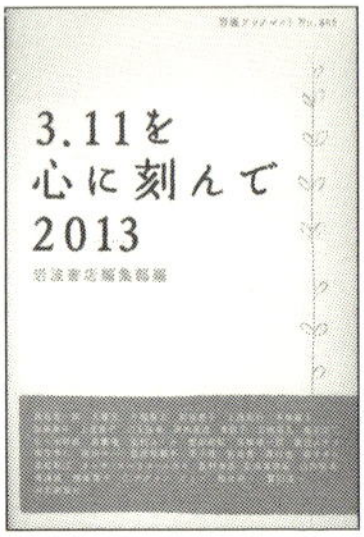

『3.11 を心に刻んで 2013』

岩波ブックレット 岩波書店編集部〔編〕
岩波書店（2013・03）

岩波書店ホームページに連載された記事をまとめたもので、さまざまな分野で活躍する作家を中心とした三〇人のエッセイなどが掲載されています。

文の頭に書籍や人のことばから引用された語句があげてあり、それを読むだけでも大きな視野をもらえます。第二章「3・11に寄せて」には、同じ著者たちが、さらに深く「3・11」を語っています。

河北新報社の連載企画「歩み」の抜粋記事と、同紙記者による書き下ろし記事も収めています。

『母さんは虹をつくってる』

幸原みのり〔文〕佐竹政紀〔絵〕
朝日学生新聞社（2013・02）

主人公の「ぼく」は、東京生まれの東京育ちです。母親は仕事の出張先である石巻で大震災にあい、逃げるときに津波に襲われ、亡くなりました。「ぼく」は宮城県古川の祖母の家にひきとられ、引っ越してきました。

なかなか周囲になじめない「ぼく」でしたが、父母と妹を亡くした同じ境遇の友だちと出会うことで、心が少しずつほぐれていきます。

心療内科医との交流もあり、「ぼく」が立ち直っていく過程がリアルに描かれています。

『月の少年』
沢木耕太郎〔作〕浅野隆広〔絵〕
講談社（2012・04）

主人公の少年は両親を海の事故で失い、山の湖のほとりに住む彫刻家の祖父にひきとられます。新しい生活で、みんな親切にしてくれるけれど少年の心は癒されません。

ある満月の夜、少年は笛を吹く不思議な少年と出会います。音楽や絵や彫刻の力を借りながら、父母の予期しない死を受け入れ、生きる力をとり戻すまでの少年の心の軌跡が、ファンタジーの手法で語られています。

内容にぴったりの透明感あるさし絵が、物語をひきたてています。

『子どもといっしょに読みたい
いのちをみつめる詩』
水内喜久雄〔編著〕
たんぽぽ出版（2013・05）

小学校高学年向きの詩五〇編に、短い解説と出典が掲載されています。

詩を書いた人は、詩人はもちろん、マンガ家やタレント、歌手も含めて広範にわたり、親しみやすい構成です。

「いのちの重さを感じて」
「いろんな自分を発見！」
「すばらしい世界に生まれて」
「あなたは一人じゃない」
「さあ、すこしだけ前へ！」

という五つのテーマに分かれていて、どのページを開いても心に響く詩に出会えます。

『語りつぎお話絵本
3月11日』全8巻
ＷＩＬＬこども知育研究所〔編〕
学研教育出版（2013・02）

時間の経過にそって出版されたシリーズで、その時に起きたできごとや行動を題材にした物語が、各巻に二つ入っています。厚い本ですが、絵も多いので読みやすく、地震や防災などに関する資料も添えられています。各巻のタイトルは左記です。

1. 午後2時46分
2. にげろ！　津波だ
3. 家族と会えた
4. 支え合ったひなん所
5. 子どもたちの「ちから」
6. 助け合う人たち
7. 広がる支援の輪
8. ふるさとをとりもどす

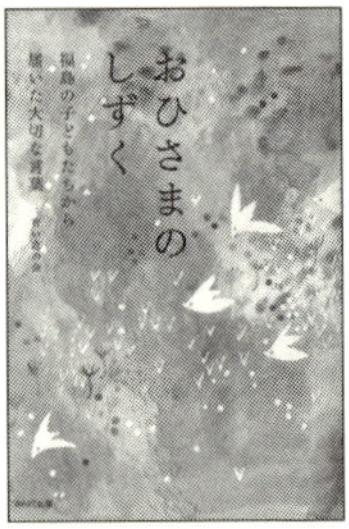

『おひさまのしずく』
福島の子どもたちから届いた大切な言葉
青い窓の会〔編著〕
ＷＡＶＥ出版（2013・03）

郡山市に住んでいた盲目の詩人故・佐藤浩氏により、五十五年前から発刊されている児童詩誌『青い窓』には、今まで三十万編の詩が寄せられたそうです。

その中から、「だいすき」「がんばれ」「かぞく」「いのち」などのテーマ別に、過去から現在までの子どもたちの詩が収められています。

創設者の佐藤氏の「よく見つめよく考え　丁寧に生きる」のことばどおり、素直に本質をとらえた子どもたちの詩が、おとなの私たちをも励ましてくれます。

『ネコをひろったリーナと
ひろわなかったわたし』
ときありえ〔作〕
講談社（2013・03）

原発事故は、東北ではない地でも、家族や周辺にさまざまな波紋を投げかけました。原発事故後の対応は、家族の間でも意見が分かれて、葛藤も別れもあったと聞いています。この本のあとがきで、著者は「この本を、地震にあったすべての『孫たち』にささげます」と述べていますが、それによると、国際結婚の著者の娘さん一家が原発事故後、日本に残るか残らないかの選択で悩まれたことにふれています。父親と離れて、日本に残ることを選択したお孫さんのことを頭に置きながら、この本はできたようです。

といって、この本は3・11問題を中心に語っている本ではありません。主人公の小学六年生の音楽好きな女の子里菜子は、将来、公立中学に進むか音楽関係の学校に進むか悩んでいます。父母はそのことも含めて意見のちがいが大きく、家の中は険悪な空気が漂う毎日です。

そんなとき、里菜子はピアノ教室の近くにある〝バラの家〟で、リーナという幼い女の子に出会います。リーナは、里菜子がかつて拾わなかった黒い捨てネコを飼っていました。リーナはいったいだれなのでしょう。

岐路に立ったとき、どの道を選択したかによって人生は変わります。捨てネコを拾ったか拾わなかったか？　進む中学は公立か私立か？　里菜子は親しい友人と交流したり、自分の心の扉をあけることで、しっかり自分に向き合い、自分自身で進路の選択をしていくという自立の物語です。3・11により壊れてしまったものが、こういうかたちで文学になる時期がきたことを感じる本でした。

『ひとのあかし』

若松丈太郎〔詩〕
アーサー・ビナード〔英訳〕
清流出版（2012・01）

福島市在住の詩人の過去の作に、原発事故後の詩が加わり、重厚な詩集となりました。英訳したアーサー・ビナード氏は「桜と予言と詩人―まえがきにかえて」で、若松氏の詩は、今回の原発事故を十八年も前に予言し、見通していたと語ります。

しかし詩人は、「予言者ではない。ただただ観察して、現実を読み解こうとしただけのこと」と答えます。「作物の栽培も生きものの飼育も、人であることのあかし」とつづる詩人のことばに呼応して、「壊された福島」の写真は、起きてしまった過酷な現実を伝えています。

『ちいさなてのひらでも』

やなせたかし〔著〕
双葉社（2011・10）

「不幸になった時、はじめて幸せが見える。ごくありふれた日常の中に、さりげなく、ひっそりと幸福は、かくれています」と「幸せ編」で述べる著者の、手書きの詩と柔らかなタッチの絵による、高学年向きの本です。

本のうしろにあるスペシャルインタビューで、著者はアンパンマンのポスターやCDを送るなどして支援した、陸前高田市の一本松の事に触れています。生き残った松は塩害で枯れてしまいますが、クローンの苗から四本の新芽が出ました。その名づけ親を依頼された著者は、すぐに「ノビル」「タエル」「イノチ」「ツナグ」の名前が浮かんだそうです。

「励まされるばかりでは疲れるだろう。次は癒し系のララバイを作りたい」と言っていた著者は、二〇一三年十月、九四年の生涯を終えました。

『やなせたかしのメルヘン絵本　4』

やなせたかし〔絵・文〕
朝日学生新聞社（2013・04）

中・高学年向きのシリーズ本の4は、朝日小学生新聞に掲載された二十五話が入っていますが、陸前高田市の一本松をモデルにした『ヒョロ松さんは見習い天使』は、命を終えた一本松のその後を、天使というユニークなキャラクターにしてファンタジーに仕立てています。力を抜いて読める本です。

『心のおくりびと
東日本大震災復元納棺師
～思い出が動きだす日～』
今西乃子〔著〕浜田一男〔写真〕
金の星社（2011・12）

■ノンフィクション

東日本大震災では、災害救助や復興支援のために、実に多くの人たちがいろいろな分野で行動しています。

いうことは簡単ですが、継続して実行するのには強い意思と責任感がなければできません。悩んだり迷ったりしながらも、行動した人たちの姿は本当に尊いものとして、私の眼に映《うつ》りました。

『心のおくりびと　東日本大震災復元納棺師　～思い出が動きだす日～』

二万人という多くの命が震災で失われました。どの方もたくさんの思い出を背負って亡くなったことと思います。残された家族の悲しみに寄り添い、話を聞き、心をこめて死への旅立ちの装束と化粧を施す復元納棺師の笹原留似子さんの活動を描いたお話です（76ページに類書を紹介）。

悩んだり苦しんだりしつつも、「いい思い出を家族に残したい」と願って遺体を修復する活動を続けた笹原さんは、本の最後でこういっています。

「大切な家族を亡くしても、忘れる必要はないと思います。思い出がある限り、それぞれの心のなかに、しっかりと大切な家族は生き続けてくれます。思い出は宝物です。どうぞ、亡くなった家族の、いちばんよい顔を思い出してあげてください」。そして「死は生きていた証です」とも。

『フラガールと犬のチョコ』

『フラガールと犬のチョコ』
祓川学〔作〕かなき詩織〔画〕
ハート出版（2012・07）

福島県いわき市のテーマパーク「スパリゾートハワイアンズ」は、3・11で大きな被害を受けました。そこのビーチシアターでフラダンスを踊っていたサブリーダーの大森梨江（現在はリーダーのモアナ梨江）さんが主人公です。

フラガールになる夢を持っていた梨江さんは、高校生のときから飼っている犬のチョコに励まされながら、その実現のために励みます。

そして二年後、念願がかなった梨江さんですが、ショーが終わり、楽屋にいるときに大震災に見舞われます。家族は無事でしたが、その後まもなく原発事故にあい、退避命令により、そのまま帰れない状況になりました。

梨江さんが、フラガールとして舞台に立ち、被災者を元気づけ、復興に向けてがんばる道のりと、原発事故のため、置き去りにされながらも、たくましく生き残った愛犬チョコ。

双方の運命とがんばりをリンクさせながら、震災と原発災害の酷《ひど》さと、乗り越えていく力のすばらしさを描いています。

『ともしび
被災者から見た被災地の記録』
シュープレス〔編・著〕
小学館（2011・08）

『ともしび　被災者から見た被災地の記録』

編・著の「シュープレス」は、宮城県仙台市で旅行雑誌の企画・編集・取材等をおこなっている従業員五名の編集プロダクションです。被災した数日後にライフラインが復旧すると、写真と文字と企画を通して東北支援の輪を広げるために「つながるひろがる東北応援の輪プロジェクト」を立ち上げました。

「シュープレス」のみなさんも、支援活動をするなかで、震災直後のライフラインと情報が寸断されたときから、地方新聞が多くの被災者のことばに耳を傾け、寄り添い、その思いを発信し続けたさまを身近に知り、感銘をうけます。

極限状況のなかで人は何を思いどう動いたか――。震災の悲惨さのなかでも、思いやりのある気高い言動もたくさんありました。

東北地方の八つの地方新聞に掲載された、ローカル紙だからこそ取材できたと思われる被災者の生々しい声を一冊にまとめたものです。

「命のともしび」「心のともしび」「勇気のともしび」「希望のともしび」の四つのテーマの四〇篇が詰まった貴重な現地の記録となっています。

小学校高学年からおとなまで語り継いでほしいという、地方新聞記者の祈りをこめた記事が満載の本でした。

『救命救急フライトドクター』
岩貞るみこ〔著〕
講談社（2011・07）

フライトドクターとは、一刻も早くヘリコプターで現場に行き、救命救急に携わる人たちのことです。後半に東日本災害でのようすがすべて実名で書かれ、決してあきらめずにガレキの中から、屋根の上から、一人でも多くの命を救おうと奮闘する志の高さとチームワークに心打たれます。患者を待つのではなく、医師が現場に向かうという攻めの医療に取り組むようすが、さまざまな具体例で書かれています。日本のドクターヘリの草分け的存在でもある、日本医科大学千葉北総病院救命救急センターが監修をしています。

『3.11　あの日のこと、あの日からのこと』
みやぎ教育文化研究センター日本臨床教育学会震災調査準備チーム〔編〕
かもがわ出版（2011・09）

教育の場からの発信です。あの日、学校現場ではどんな判断をしたらいいか、本当に厳しい状況だったと思います。その後も学校は、避難所になったり、生徒たちや保護者の生死や状況確認にあたったり、たくさんの教師たちが自分のことは後回しで多くの困難を乗り越えてきました。

この本は、宮城県内の津波罹災地の学校の状況を学校関係者と子どもたち、研究者たちが記述した本です。教育現場への理解と支援につなげるためにも読みたい本でした。

『がんばっぺ！アクアマリンふくしま』
中村庸夫〔著〕
フレーベル館（2012・02）

「アクアマリンふくしま」は、福島県いわき市にある水族館で、3・11の津波により、施設の損傷はもちろん、生命線である電気が停止し、飼育されていた生き物の九割の命が失われました。

「あの日」のこと、その後の復興に至る困難な道のりが、海洋写真家の著者により、写真や図入りでくわしく報告されています。

再開までに、関係者はもちろん、多くのボランティアの人たちの並々ならぬ努力と支援があったことがわかります。

『災害救助犬レイラ』

井上こみち〔著〕
講談社（2012・06）

災害救助犬とは、事故にあった人をすぐれた嗅覚をいかして救う犬のことです。この本は、3・11後すぐに入った大船渡市から気仙沼市まで、一週間にわたっておこなわれた災害救助犬レイラとその飼い主の訓練士の女性・村田さんの捜索活動を中心に書かれています。

しかし、ガレキの中で見つかるのは、遺体ばかりです。村田さんに喜んでほしくて、生きている人を懸命に探し続ける、健気なレイラの姿が描かれています。レイラとともに歩む、村田さんのスケールの大きさや魅力も伝わってきます。

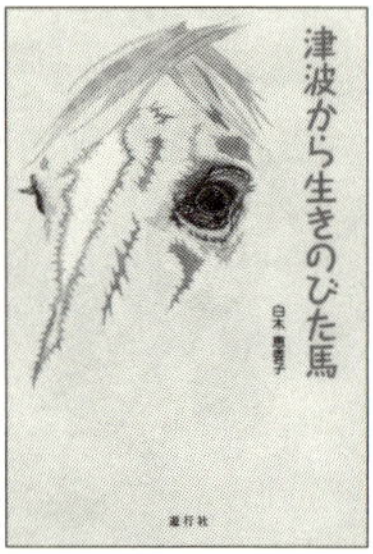

『津波から生きのびた馬』

白木恵委子〔著〕
遊行社（2012・07）

長野県にある乗馬クラブに、NPOの引退馬協会から電話がありました。津波で被災して、飼い主が行方不明になった南相馬の馬を二頭、預かってほしいという内容です。

震災から二十日後。乗馬クラブのスタッフは車で南相馬に向かいます。津波で傷つきながらも生きのびた馬を迎えるために。

飼い主の心情に思いをはせながら、馬を迎えた乗馬クラブの人たちの心意気を描いた、馬と人間の絆の物語です。

『だけど、くじけない』
子どもたちからの元気便

長倉洋海と東北の子どもたち〔著〕
ＮＨＫ出版（2012・02）

被災した南相馬、宮古、いわき、仙台の四市に住む九歳から十三歳の子どもたちの作文七十七編の抜粋と、ことばと、写真家の長倉氏の写真一一九枚で構成されています。

「ぼくは津波に、『ばかやろう』といいたい」「地震の前までは、しょうらいの夢は自分の楽しいことだったけど、今は、みんなのためになることを考えたりしているよ」

笑顔の子どもたちの写真とともに、子どもたちのことばがまっすぐに心に響きます。同時にその裏側の悲しさを想像して、何度も胸がいっぱいになりました。

『ガレキの中にできたカフェ』
西山むん〔著〕
明石書店（2012・07）

大津波で家を流された、南三陸に住む四年生の女の子のみなみちゃんの視点で書かれています。母と母の友だちのトキ姉たちは、避難所生活を快適にするために、できることをはじめます。町役場はあてにできないので、さまざまな課題を議論し合い、時には壊れそうになりながらも自分たちで乗り越えていく住人たちと、それを支える全国各地からの頼もしいボランティアとの交流が描かれています。このとき培った強い絆は、住民の憩いの場となるカフェ「サン・サ」を開店する原動力となりました。その一年を追った記録です。

『津波をこえたひまわりさん』
小さな連絡船で大島を救った菅原進
今関信子〔著〕
佼成出版社（2012・07）

岩手県大船渡市と大島を結ぶ小さな連絡船「ひまわり号」の持ち主の菅原進さんは、十五メートルの大津波を乗り越え、自分の命とひまわり号を守りました。自宅も被害にあいましたが、孤立した大島を何度も往復し、人を乗せたり、支援物資を届けます。

この本は、菅原さんの半生からはじまり、被災のことや島民たちが家族と助け合いながら震災を乗り越えるようすを、エピソードを交えて語っています。

判断力も勇気も行動力もある海の男の話です。

『「あの日」、そしてこれから』
高橋邦典〔写真・文〕
ポプラ社（2012・11）

宮城県にふるさとをもつ報道写真家の著者は、この本発行の一年前に絵本『あの日』という写真集を出しています。この本はその続編で、前回取材した女川、石巻、気仙沼、仙台などを再びまわり、震災一年後に見た風景と、以前出会った人のその後と「ことば」をつづるエッセイと写真集となっています。

絵本『あの日』よりも、時間経過と共にあらわれてきた課題もみえ、被災者の悩み、苦しみがかえって大きくなっていることがわかります。その分、さらに重厚な本となっています。

『ぼくらの津波てんでんこ』
谷本雄治〔著〕
フレーベル館（2012・11）

多くの犠牲者を出した震災でしたが、岩手県釜石市の小・中学校の児童生徒約三千人はほぼ無事でした。

群馬大学の片田敏孝教授の指導で長年取り組んできた「最後まであきらめないで、てんでんこに逃げる」という防災教育が、効を奏したということです。

自分の命だけでなく、地域のおとなまで津波から守った子どもたちの言動が、感動的に語られるドキュメンタリーです。

釜石市の防災教育は、3・11以降、あちらこちらで評価され、絵本や報告書としてあげられています。

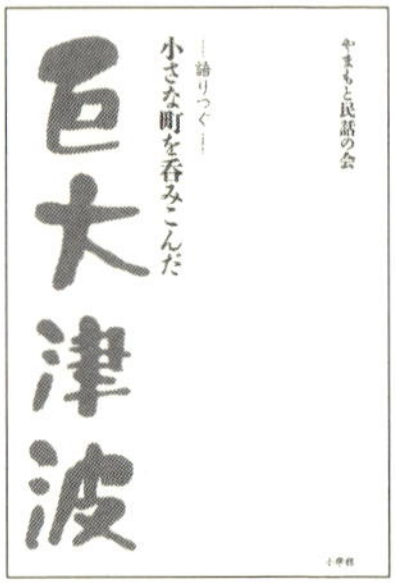

『小さな町を呑み込んだ
巨大津波』
やまもと民話の会〔編〕
小学館（2013・03）

自然の美しい宮城県亘理郡山元町は津波で大きな被害にあいました。この町で民話の収集と語りをしている「やまもと民話の会」のメンバーは、自らも大きな被害を受けたのに……、いいえ、受けたからこそ、語り継ぐべきだという責任感と使命感から町民に寄稿を呼びかけ、聞き書きもして三冊の本を編集、出版しました。

想像を絶する恐怖の体験、身近な人の死、故郷の喪失、人との絆、復興への歩みなど、思いや体験が生々しく語られて、まさに「現代の民話」となっています。

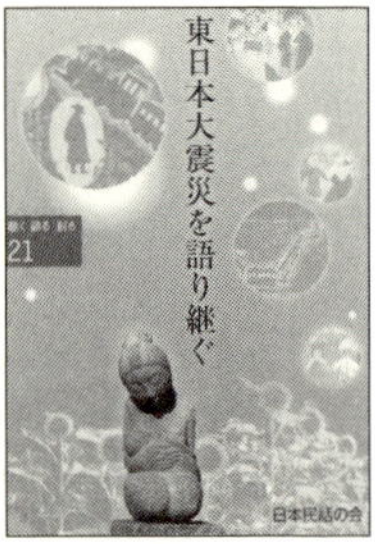

『聴く 語る 創る 21
東日本大震災を語り継ぐ』
日本民話の会事務局
（2013・01）

日本民話の会でも『聴く 語る 創る』第二一号で「東日本大震災を語り継ぐ」の二六六ページに及ぶ特集を出版しています。また、みやぎ民話の会も、『2011・3・11大地震大津波を語り継ぐために—声なきものの声を聴き形なきものの形を刻む—』として、二〇一一年八月二一日、二二日に開かれた「第七回みやぎ民話の学校」の記録集（二五三ページ）を出版しています。

日頃から民話に関心を寄せ、庶民のナマの声を拾い集めている民話の会の皆さんの、素早く確実な活動に敬意を表します。

『東日本大震災　伝えなければならない100の物語』は十巻のシリーズで、それぞれの本が左記の題名で独立した分厚い一冊(各二〇四ページ)になっています。綿密な取材と心のこもった文で、どの本も臨場感にあふれています。広い分野にわたる目配りもあり、図書館に置いてほしいシリーズのひとつです。

各巻のタイトルは左記です。

1. その日
2. 明けない夜はない
3. 生きることを、生きるために
4. 助け合うこと
5. 放射能との格闘
6. 絆（きずな）
7. 希望をつむぐ
8. 広がりゆく支援の輪
9. 再生と復興に向って
10. 未来へ

そのうちの第一巻と第十巻の目次の一部を紹介します。それからも内容の濃さがわかります。

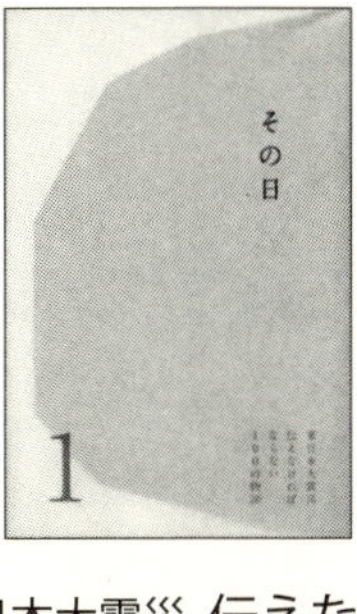

『東日本大震災 伝えなければならない 100 の物語』
第 1 巻「その日」
学研教育出版〔編〕
（2013・02）

第一巻『その日』目次より

・がれきと炎の海を乗り越えて。老舗旅館主人の生還と救助活動
・地震と津波と吹雪の中で。仙台市立荒浜小学校の救出劇
・俺は、生きなければならない。取り残されたビルの屋上からの生還
・光に向って、生きたいと強く願った。津波の底からの生還
・おばあちゃんの分まで、笑顔で生きる。少女の静かな決意
・避難所の寒い夜を、明るく照らす。電気店がともしつづけた希望の光
・続けましょう。子どもたちのために。大槌保育園「その日」から再開の日まで　ほか

『東日本大震災 伝えなければならない 100 の物語』
第 10 巻「未来へ」
学研教育出版〔編〕
（2013・02）

第十巻『未来へ』目次より

・人のために、世の中のために。地球五周分を駆け抜けた情熱
・人こそが、何にも代えがたい、財産。復活した陸前高田市の醸造蔵
・ここが、僕の愛する街。僕の生きる街。石巻に戻ったリチャード
・大地と地域と、ともに生きるために。復興トマトの挑戦
・心と体と地球のために。復興レストラン「銀河のほとり」
・大きな危機も、未来のチャンスに。南相馬市長の前向き思考
・子どもたちの未来につながる町づくりを。ほか

『ハイパーレスキュー
災害現場へ走れ！』
深光富士男〔文〕
佼成出版社（2013・06）

「このプロジェクトを追え！」シリーズ第四弾。災害救助のスペシャリストである東京消防庁のハイパーレスキューの活躍ぶりが描かれています。その歴史からはじまり、東日本大震災の時、気仙沼市の火災現場での消火・救助活動や東京電力・福島第一原発の事故後、三号機の使用済み燃料棒を冷やすために一三九名のレスキュー隊員による放水活動等、困難を極めた体験談が掲載。訓練もハードで、特殊車両を使っての修練をすることで「いざ」に備える緊迫感が伝わってきます。

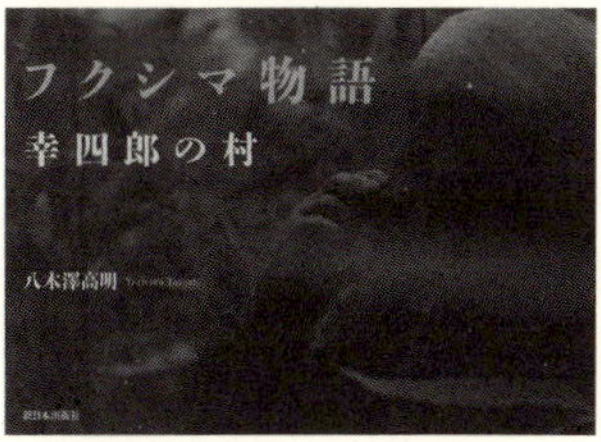

『フクシマ物語　幸四郎の村』
八木澤高明〔著〕
新日本出版社（2012・08）

■原発・放射能の本

このテーマの児童文学の数は、絵本に比べてかなり多くなっています。私は今まであまり関心のなかった分野ですが、実はたくさんの本があったことに気づきました。３・11のあとに復刊された本、急ぎ出版された本、いずれも力のこもった作品が、「まずは知ることから」と、相次いで出版されました。アプローチのしかたはいろいろですが、原発の脅威をまっすぐに訴えています。中・高校生向きの本が多いのも特徴です。

『フクシマ物語　幸四郎の村』

福島県の浪江町は原発事故で警戒区域になりました。七五歳の今野幸四郎さんは、だれもいなくなった放射線量の高い浪江町の自宅にときどき帰っています。「庭をいじったり、友と語らって過ごすはずだった」という幸四郎さんに密着取材した写真家が、田畑の荒れた村での生活を写真とエッセイで追っています。

日常が奪われ、語るべき友はまわりにいなくなりました。それでもときどき村に帰り、だれも見る人のいない側溝の汚れをとり、いつか戻れる日を夢見ている幸四郎さんです。

幸四郎さんの若い頃のこと、酪農家として後を継いでくれるはずだった息子さんのこと、あの3月11日に結婚式を挙げる予定だった孫娘さんのことが書かれています。奪われたものは、住む家や田畑だけではありません。家族の穏やかな歴史と団らんも壊されました。明度を下げた、人影のないさびれゆく村の写真から、理不尽に故郷を追われた者の静かな怒り、故郷への強い愛着が伝わってきます。

『八月の光』
朽木祥〔著〕
偕成社（2012・07）

『八月の光』

広島生まれの被爆二世の著者による渾身《こんしん》の祈りの短編連作三作が収められています。いずれも原爆投下後の悲惨な状況と、人々が何を思い、どう行動したのか。また、行動できなかったのか。極限に置かれたときの人の心模様をあぶりだし、重厚な物語になっています。悲惨な内容にもかかわらず、文章に透明感があり、長い詩を読んでいるような気がしました。

あとがきでは、「生存者の『なぜ私ではなかったのか』『なぜ私は生かされたのか』という問いは、広島だけでなく、大震災や津波、原発事故の生存者に共通する問いである」と述べ、「だからこそ、私たちにできることは、〝記憶〟すること。あの人たちが無残に生を奪われたこと、残っている人々が理不尽な罪

『ヒロシマ 1　歩きだした日』
那須正幹〔著〕
ポプラ社（2011・07）

責感に苦しみながら、それでも生きて、やがて信じられないような力で前を向いていこうとしたこと……などを決して忘れないで語り継いでいくことが自分たちにできることだと信じている」ということばに心打たれました。

『ヒロシマ　1　歩きだした日』
『ヒロシマ　2　様々な予感』
『ヒロシマ　3　めぐりくる夏』

　この三冊は「ずっこけ三人組シリーズ」の那須正幹氏による「ヒロシマ」三部作で、中・高校生からおとなまでが対象の読み応えのある大作です。

　二〇一一年の震災の年に発刊されたのは単なる偶然のようですが、「ヒロシマ」を問い続け、被爆体験者でもある著者の「ヒロシマ」三部作がこの時期に本になったことは意義深いと思います。

　『ヒロシマ　1　歩きだした日』は、広島に原爆が落とされた一九四五年の四年後から話がはじまります。原爆で夫を亡くした靖子が、お好み焼き屋をはじめるまでの話に、広島とその周辺のこと、また家族のようすが克明に描かれています。

　『ヒロシマ　2　様々な予感』は、靖子の娘の和子が主人公です。東京オリ

『ヒロシマ　2　様々な予感』
『ヒロシマ　3　めぐりくる夏』
那須正幹〔著〕
ポプラ社（2011・07）

ンピックの頃に高校を卒業し、広島を出てレストランで働いていた和子が、広島に戻ってお好み焼き屋を継ぐまでが描かれています。

『ヒロシマ　3　めぐりくる夏』は和子の娘であり、靖子にとっては孫の志乃へと主人公がかわります。三巻とも、同僚や友人、家族との関係から恋愛、出生の秘密まで、ドラマチックに展開し、ハラハラしながら読みすすめられる本ですが、底には八月六日に原爆投下された「ヒロシマ」が見え隠れしています。

いわば親子三代の物語は、広島だけでなく日本の戦後復興の物語でもあり、当時の社会の動きが庶民の生活を通してわかります。著者は、あとがきで3・11の被災者にこんなエールを送っています。

「人間のごく普通の日常生活を一瞬に破壊する津波。想像を絶するがれきの堆積。テレビ映像を観たとたん、六十数年前の広島の光景がよみがえってきた。

……（略）……

被災者のみなさんも、おそらくあの日のわたしと同じ思いで、変わり果てた故郷をながめておられるのだろう。しかしながら、人間はそれほど柔《やわ》ではない。なんど打ちのめされても起き上がり、明日に向かって歩きだす生物ではないだろうか。それが六十数年前のあの日を体験した作者の実感なのだ」

『夜はライオン』
長薗安浩〔著〕
偕成社（2013・07）

『夜はライオン』

先生や友人の信頼も厚く、成績も優秀。児童会長で野球チームのエースの「ぼく」ですが、だれにも言えない秘密がありました。それは、六年生になってもオネショをするということ。今までなんとか秘密を保持してきましたが、じきに修学旅行があります。不安な「ぼく」は、図書館に行き、『おねしょは必ずなおります』という本を借ります。

「どんな本をさがしているの？」とたずねる司書に「弟のために」とうそをつき、本のアドバイスどおりに、涙ぐましい努力をはじめます。野球チームの監督との軋轢《あつれき》、仲間とのかかわりを絡《から》めながら、揺れ動く「ぼく」の心情がていねいに描写されています。

図書館で本を探しているときに、前歯が一本しかない見知らぬおじいさんに、いきなり「あんた、原発どう思う？」と問われ、放射能についての薀蓄《うんちく》を聞かされる場面があります。

また、「ぼく」が何かの悩みをもっていることに気づいているクラスメートは、母親の考えで放射性物質による汚染を逃れて、嫌々東京から引っ越してきた少年です。頭はいいけれど、クラスになじもうとしないクールな転校生と、悶々と悩む「ぼく」は、どんな修学旅行の夜を迎えるのでしょう。お互いの影の部分を感じあい、秘密を共有した友だちの存在が、殻を破り、次のステップに進む手助けをしてくれます。「3・11」がもたらしたものが、自然なかたちで物語にとけあっています。

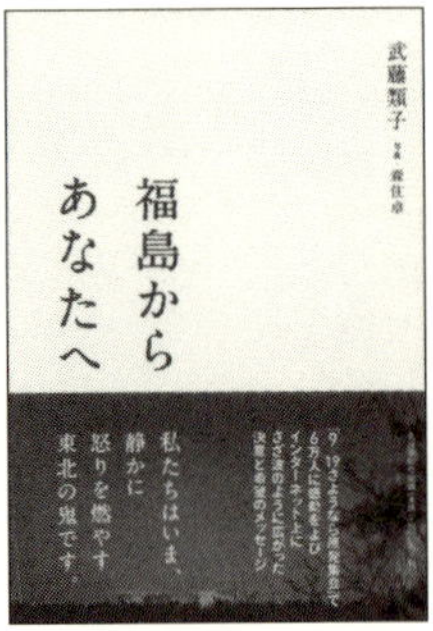

『福島からあなたへ』
武藤類子〔著〕森住卓〔写真〕
大月書店（2012・01）

『福島からあなたへ』

二〇一一年九月十九日におこなわれた「さようなら原発集会」で、参加者六万人に向けた、福島在住の女性・武藤類子さんの感動をよんだメッセージがそのまま本になったものです。このメッセージは、その後もインターネット上で広がりました。

帯に「私たちはいま、静かに怒りを燃やす　東北の鬼です」とあります。シンプルで飾らない装丁が、この内容にぴったりで、集会で読み上げたメッセージに森住卓氏の写真が添えられ、書き下ろしのエッセイが続きます。

美しい文章で、怒りを表現していることに感銘を受けました。その美しい生き方、美しいまなざしに何度も胸が詰まりました。ヘミングウェイの、「いい文章を書く人は嘘を見抜く目を持っている」ということばを思い出しました。

怒りを忘れないために。

怒ってもなお、美しく生きるために読みたい本です。

『フクシマ 2011、沈黙の春』
八木澤高明〔著・写真〕
新日本出版社（2011・10）

チョウが舞う緑深いのどかな自然の里は、原発事故のあと、どのように変容したのでしょう。安住の地を奪われた人や動物たち、ひび割れた田んぼ、さまようペット、住む人のいなくなった廃屋や牛舎などの写真が、過酷な現実を容赦なく見せます。

その合間に挿入されている美しい自然の風景写真との対比から、奪われてしまった美しい自然の営みや人間らしいあたりまえの生活が偲ばれます。英訳のついた短いコメントと、被写体に寄り添った写真が、「フクシマ」が失ってしまったたくさんのことを訴えています。

『春を待つ里山』
原発事故にゆれるフクシマで
会田法行〔文〕山口明夏〔写真〕
ポプラ社（2011・12）

報道カメラマンである著者の会田氏は、被災地をつぶさに写真に収め、被災地の人たちとの交流や感想をていねいに書きつづっています

著者がとりわけ気になったのが、飯舘村など原発事故による警戒区域になった地域です。

「ていねいに心を込めて」「つつましく」を意味する方言「までい」の精神で心ゆたかな村づくりをしていた飯舘村です。

被災地の里山の美しい風景と、人々のあたりまえの生活がはやく元に戻ることを祈るばかりです。

『さくら　原発被災地にのこされた犬たち』
長馬場国敏〔著〕江頭路子〔絵〕
金の星社（2011・12）

著者は、動物救護の専門家の獣医師です。原発事故のあと、放射性物質による汚染地域で鎖につながれたまま、いきなり飼い主の家族と離ればなれになってしまったペットたちの救護活動をしています。

すぐに家に戻るつもりではじまった被災した家族の避難生活が長期におよび、鎖につながれたまま放置されたしば犬「さくら」。鎖を切って逃げた「さくら」はその後、苦難にみちた放浪の旅へ……。

原発事故の混乱のなかで振り回されたペットと、その飼い主の物語です。

『ふるさとはフクシマ
子どもたちの3.11』
元気になろう福島〔編〕
文研出版（2012・10）

左ページに子どもたちの作文、右ページ一面に絵が描かれている十五編が収録され、子どもたちの生の声によって、震災や原発事故のこわさ、大事なものを失った悲しさを伝えてくれます。絵は、絵本作家の浜田桂子氏、篠崎三朗氏、和歌山静子氏などの競作で、それぞれに画風の違う個性的な絵が添えられています。

内容はつらいことが多いのに、絵と文を交互にゆっくり見ていくと、不思議に気持ちが静まっていく感覚を覚えました。理不尽な運命を背負わされた福島の子どもたちの声をしっかり受け止めたいと思います。

『風の島へようこそ』
くりかえしつかえるエネルギー
アラン・ドラモンド〔作〕
まつむら ゆりこ〔訳〕
福音館書店（2012・02）

自然エネルギーで電力を自給できるようになったデンマークのサムス島の実話を物語にしています。

サムス島は四方を海に囲まれた寒冷地ですが、風が強いことを利用して風力発電をおこない、農業廃棄物を燃やして暖房を賄《まかな》っています。

そこへ至るまでには、島の人たちの葛藤や意識の違いがあり、島民の意思統一に十年かかりました。

志の高いリーダーが、あきらめずに実践と説得をくり返すことで、島民一人ひとりが自分たちの生活や価値観を見直し、保守的な島が変わっていくようすがわかります。

『発電所のねむるまち』
マイケル・モーパーゴ〔作〕
ピーター・ベイリー〔絵〕杉田七重〔訳〕
あかね書房（2012・11）

イギリスの美しい町が、どのようにして原子力発電所の町になったか。原子力発電所建設に毅然《きぜん》とした態度で反対し続けて、「変わり者」とみられた女性はタイ人で、最愛の亡夫の故郷でひとりぐらしをしていました。彼女のよき理解者が主人公・マイケルの母親でした。原発反対運動をするときの、周りの人たちとの確執や葛藤は、3・11以前の日本と同じです。「失ったものを取り戻すことはできないが、失ったものから学ぶことはできる」という訳者のあとがきは、今の日本にとっても深い意味をもつと思います。

『アゲハが消えた日』

斉藤洋〔作〕平澤朋子〔絵〕
偕成社文庫　偕成社
（1988 年講談社版を 2011・07 復刊）

SF風のタイムファンタジーとも、リアリズム童話ともいえる本です。読みやすく、しかも読み応えがありました。

主人公の少年「正《ただし》」は、アゲハチョウを見るたびに自分が自分でないような落ちつかない気分になり、何か不思議なことが起こります。むずかしいことばで、おとなびた口をきいてしまったり、見もしない未来のことを語ったりするのです。そのわけは…？

少年は、そして私たちは、原子力で人類が滅亡するような未来をストップできるでしょうか？

『あしたは晴れた空の下で
ぼくたちのチェルノブイリ』

中澤晶子〔作〕小林ゆき子〔絵〕汐文社
（1988 年の改装版が 2011・07 復刊）

ドイツでチェルノブイリ事故を体験した、ドイツ在住の日本の少年の物語です。

姿が見えないが故の底知れない放射能のこわさ、情報に翻弄されるようすなど、少年が体験することは今の福島に重なります。

作者はまえがきでこう述べます。

「……本来ならば書棚の隅で眠っているはずの作品がこのような状況で復刊することは『不幸』以外のなにものでもありません」

初版は一九八八年でしたが、二十三年後の大震災のあとに復刊されました。

『ガウディの青い海』

田島伸二〔作〕星の環会
（2005 年ポプラ社版を 2012・11 復刊）

生まれ故郷の南の島を目指して大都会の水族館から脱出した大亀のガウディが主人公です。

しかし、その海は核実験により変わり果てていました。人間はもとより、海にすむ魚たちにも命をおびやかす危険が充満していたのです。

「遙か遠い昔から海は生命のふるさと。青い海はすべての生命のよろこび」……このことばが語る美しい海はもう望めないのでしょうか。

人類の知恵と技術ではコントロールできない原子力のこわさを、大亀ガウディを通して訴えたこの本は、3・11後に復刊されました。

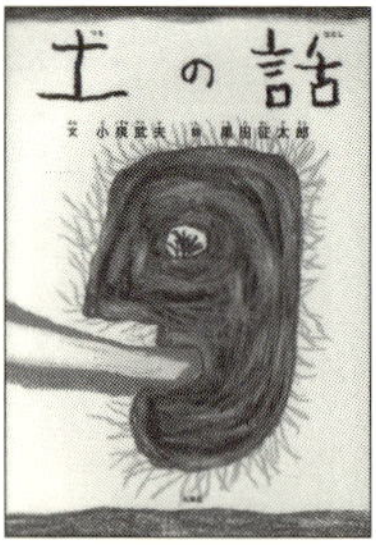

『土の話』
小泉武夫〔文〕黒田征太郎〔絵〕
石風社（2013・03）

「俺は土。海を見ながらくらしてきた土だ」

と、阿武隈弁で土が語ります。

クレヨンで描いた文字と絵は、3・11で運命が変わってしまったやりきれない土の気持ちを淡々と、けれどもストレートに伝えています。

著者は農学博士で、醸造学、発酵学の専門家の小泉武夫氏です。

土の中には、微生物がたくさんいて、それが放射性物質を長い時間がかかっても分解してくれるかもしれない……というかすかな希望にも言及しています。

『火の話』
黒田征太郎〔作〕
石風社（2011・11）

大昔、闇夜で暮らす人間のために「火を殺し合いに使わないこと」を条件にして、神は火を使うことを許可しました。

寒さや飢えから解放された人間ですが、やがて神との約束を忘れ、便利な生活を望むようになります。そして、ついに究極の「火」である原子力エネルギーの事故で放射性物質が降る事態に……。

人は「知恵」だけでなく「魂」が大切だという著者の思いが感じられる本です。

『原発を考える50話』（新版）
西尾漠〔著〕岩波ジュニア新書
岩波書店（2006・02）

とっつきにくい題材を、時にユーモアを交え、五〇話紹介しています。

著者は広告制作会社で働いていた時に、「電力危機」を訴える電力会社の巧妙な広告に疑問を抱いたことから、原発問題に関わるようになりました。

「原発のいま」、「核燃料リサイクル幻想」、「危険がいっぱい」、「原発のある社会」、「原子力に未来はあるか」という五章からなる、中・高生向きの本。一九九六年に発行され、新版として二〇〇六年に復刊し、また新たに注目されています。

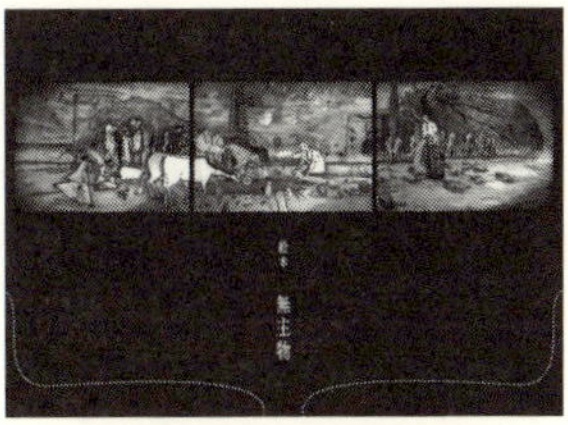

『絵本　無主物』

壷井明〔作〕
自費出版（2013・04）
http://musyubutsu1st.shop-pro.jp/

東京電力による福島第一原発の事故以来、さまざまな苦難を強いられている福島の問題を、迫力のある油彩で表現しています。それに、詩と福島の女性の文が添えられています。

著者が厚手のリーフレットといっているように、おとな向きの告発書のようにもみえますが、事故による放射性物質の飛散は、体だけでなく、人の心まで蝕むことが、子どもにもずっしりと伝わっていく絵本でしょう。

『永遠に捨てない服が着たい
太陽の写真家と子どもたちのエコ革命』

今関信子〔作〕
汐文社（2012・02）

一九九五年、地球温暖化をテーマとする国際会議が京都でおこなわれました。それにあわせて京都では、環境問題を学んだ学校もあります。この本は、その学びから発展し、実践したようすが描かれたノンフィクションです。

著者は「ちょっと長いあとがき」で、原発事故の問題にもふれ、自然エネルギーの可能性やエネルギーについての価値観の転換について述べています。

『綾瀬はるか「戦争」を聞く』

ＴＢＳテレビ『NEWS23』取材班〔編〕
岩波ジュニア新書
岩波書店（2013・04）

女優の綾瀬はるかさんの真摯な眼差しの写真からはじまり、広島出身の綾瀬さんが実家の祖母に原爆で妹を亡くした話を初めて聞いたことを書いた「はじめに」が続きます。

本文は、広島・長崎・沖縄・ハワイの戦争体験者に取材したルポなので、話し手にとっては重い体験ですが、心の奥底にあるものが少しずつ引き出されていきます。

最後の章の「東北」編で原発のことが語られ、戦争も原発も究極の「人災」であることが伝わってきます。

『これが原発だ
カメラがとらえた被曝者』
樋口健二〔著〕
岩波ジュニア新書
岩波書店（1991・07）

フォトジャーナリストの著者が、原発で働く人たちの実態を綿密に取材したルポルタージュです。

被曝という危険な状態のなかでの労働、賃金のピンハネ、風紀問題など、マスコミの表面には一切出ない裏側の醜い現実・実態が、具体的に描かれています。同時に、取材の苦労や緊張感も伝わってきます。

一九九一年七月に出版された中・高生向きの本ですが、3・11の少し前に一時品切れになり、本が話題になったことから、印刷工場が復旧してすぐに重版をしたそうです。

『原発とエネルギーを考える』
クレヨンハウス・ブックレット10冊セット
クレヨンハウス（2013・04）

子どもの本の専門店であるクレヨンハウスが、東京店で開催した「原発とエネルギーを学ぶ朝の教室」の講演をまとめたブックレットです。専門家や医師、関係者によるエッセンスが詰まった内容です。

ふりがながないので、中・高校生向きです。コンパクトにまとめてあり、大事なところは太字になっているので読みやすくなっています。

興味のあるテーマでの単品購入も可能です。

〔セットの内容〕

①原子力と原発きほんのき　上田昌文
②食べものと放射能のはなし　安田節子
③「原発をつくった」から言えること　後藤政志
④小児科医が診た放射能と子どもたち　山田真
⑤目を凝らしましょう。見えない放射能に　うのさえこ・著　いせひでこ・絵
⑥原発の「犠牲」を誰が決めるのか　高橋哲哉・著　落合恵子・聞き手
⑦新聞記者が本音で答える「原発事故とメディアへの疑問」　田原牧
⑧ヒロシマから「内部被ばく」と歩んで　肥田舜太郎
⑨原発被ばく労働を知っていますか？　樋口健二
⑩城南信用金庫の「脱原発」宣言　吉原毅

『命のバトン
津波を生きぬいた奇跡の牛の物語』
堀米薫〔著〕
佼成出版社（2013・03）

■命の重さ

東日本大震災では約二万人もの命が失われ、改めて「命」を見つめ、考える本が多く出版されました。

命を尊び、命を守った話、亡くした命を悼み、遺されたものの悲しみに寄り添った話など、「命」そのものに光をあてた本をご紹介します。

『命のバトン　津波を生きぬいた奇跡の牛の物語』

この本の舞台である宮城県農業高等学校、通称「みやのう」は、全国で初めてできた農業高校です。名取市の海岸からわずか一キロメートルの所にあり、3・11で、校舎の二階まで津波が襲いかかりました。当時、生徒たちは三十四頭の牛を大切に育てながら、牛のコンテスト「共進会」を目指してがんばっているところでした。

生徒たちを安全な場所に避難させた後、畜産担当の二人の先生が牛舎に戻り、命がけで牛のロックを外します。二人の先生は津波に巻き込まれてしまいますが、鉄塔によじ登って九死に一生を得ます。自由になった牛たちは津波にもまれ、あちこち彷徨《さまよ》いながらも、奇跡的に十四頭が戻ってきました。そして震災から十日目に一時的な引き取り先が決まり、四月十五日に生徒たちは牛との再会を果たします。

共進会の結果は如何に……？

困難を乗り越えて、共進会に出場する牛の世話をしている生徒に焦点を当て、困難を乗り越える生徒や先生、それを応援するまわりの人の姿に胸が熱くなりました。農業高校ならではの教育のすばらしさにも心打たれます。

「命のバトン」は牛の命を守るという意味もありますが、もう一つの真の意味を酪農家の著者は「あとがき」でこう語っています。

「わたしたちは生き物の命をいただいて生きています。私たちの食べる肉や牛乳も又、家畜からわたしたち人へと手渡された、命のバトンではないでしょうか」。

『おもかげ復元師』
『おもかげ復元師の震災絵日記』
笹原留似子〔著〕
ポプラ社（2012・08）

『おもかげ復元師』『おもかげ復元師の震災絵日記』

津波被害で大きな損傷を受けた故人を、生前の面影に修復する復元師として話題になった著者のエッセイです。

「化粧で変えるではなく、もとに戻す」と語る著者は、遺族の気持ちに寄り添い、こまやかな配慮をしながら、あらゆる技術を駆使して復元を試みます。

「ご家族に対面していただくと、ようやく事実と向き合い、死を受け容れら

『まるこを救った命のリレー』
動物たちの東日本大震災
あんずゆき〔文〕
文溪堂（2012・07）

れることが多いのです」とありますが、著者の崇高な行為のように、とても美しい文章がつづられています。

『おもかげ復元師の震災絵日記』は、笹原さんの手描きの絵日記です。左ページに現場で出会った人たちのことば、右ページには素朴でシンプルな絵が載っています。短いことばですが、一人ひとりの人生に、それぞれの物語があることがわかり、何度も涙腺が緩みました。

『まるこを救った命のリレー』

動物も被災して多くの命が失われましたが、奇跡的に助かった動物もたくさんいます。この本の主人公である犬の「まるこ」は、岩手県大船渡市で津波にのみこまれましたが、多くの人たちによる善意のリレーで救われました。

徳島県徳島市、新潟県新潟市、滋賀県彦根市と、離れている地域の動物愛護の団体が手を結び、震災後すぐに活動をはじめたのです。そして、地震から十二日後にガレキの中から「まるこ」は救い出され、希望がみえるニュースとして新聞に載り、飼い主がわかりました。でも、帰るべき家はもうありません。

その後の「まるこ」の数奇な運命が、獣医と在日外国人によるボランティアを中心に語られています。

『捨て犬・未来　命のメッセージ』

今西乃子〔著〕浜田一男〔写真〕
岩崎書店（2012・10）

『捨て犬・未来　命のメッセージ』

著者の今西氏は、「国際理解」「人権」「命」についての出前授業や講演もしています。

震災一年後、著者は宮城県東松山市矢本第一中学校の千葉校長先生から、虐待された捨て犬「未来」を引き取った体験を語る「命の授業」の出前を依頼されます。矢本第一中学校は、震災後避難所になりましたが、「教育の場だからこそ、身をもって生命の尊さを伝えたい」という千葉校長先生の考えのもとに、ペット同伴の避難者も受け入れていました。

震災前の「命」のことや自分自身や他者を大切にした教育のこと、震災後、学校や家庭で子どもたちやまわりのおとなたちが向き合ってきたこと、どんな困難に直面し、それをどう乗り越えたか。また、著者の「命の授業」が、震災後の子どもたちにどんなに多くの力になったかが伝わってくる厚みのあるノンフィクションです。

『100グラムのいのち』

太田京子〔著〕
岩崎書店（2012・11）

ペットを殺処分から救うために活動している、動物愛護団体ミグノンの友森玲子さんに焦点を当てて、多くの事例がエピソードとともに紹介されています。

第四章「あの大震災で、玲子さんが走った！」では、3・11以降のミグノンの活動が克明に記されています。震災に続く原発事故で多くの動物たちも茨の道を歩くことになりました。飼い主たちは、ペットを自由にするべきか、鎖でつないでおくべきか悩みますが、どちらにも共感できるし、動物たちに最善の道を探る彼女らの活動に頭が下がりました。

『いのちをつなぐ』
セラピードッグをめざす
被災地の犬たち
大木トオル〔著〕岩崎書店（2012・12）

飼い主と離れてしまった犬たちを保護して、被災者を勇気づけるセラピードッグとして教育し、新たなスタートをきらせる活動を描いています。

福島で過酷な体験をした十四頭の犬たちが、どのようにして著者に保護され、どんなトレーニングをつんでセラピードッグになっていったのでしょうか？

捕獲されたときの痩せ衰えた写真と、保護されて落ち着きを取り戻してからの写真が並び、新しい名前がつけられた犬たちの、それぞれの「物語」が紹介されています。

『いのちのヴァイオリン』
森からの贈り物
中澤宗幸〔著〕
ポプラ社（2012・12）

ヴァイオリン・ドクターである著者は、ヴァイオリンを製作したり、修復や鑑定、調整なども手掛けています。大震災のあと、津波被害にもあった陸前高田の流木から「震災ヴァイオリン」を作って話題になりました。震災一年後の慰霊祭に、このヴァイオリンが奏でる音色は、多くの人を勇気づけました。これからも「千の音色でつなぐ絆」として、弾きつがれていくそうです。

木の命を美しい音とリズムを持つヴァイオリンに甦らせ、人々を元気づけるヴァイオリンは、まさに「森からのおくりもの」です。

『みんなを守る
いのちの授業』
片田敏孝・NHK 取材班〔著〕
釜石市教育委員会〔協力〕
NHK 出版（2012・01）

『ぼくらの津波てんでんこ』（六〇ページ参照）で取り上げられている防災教育をしたのは、この本の著者である群馬大学の片田敏孝教授でした。釜石の子どもたちが「その時」に自分で判断して冷静にとった行動や避難所の生活、津波防災教育の実際、防災の心構え、過去の資料などをさまざまな角度から書いています。

　釜石の子どもたちがどのように自分を守り、地域の人の命をも守り抜いたかを知り、感動しました。防災教育のヒントが満載です。

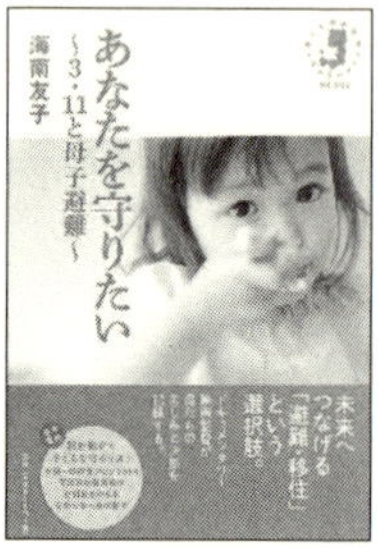

『あなたを守りたい
3・11と母子避難』
海南友子〔著〕
子どもの未来社ブックレット
子どもの未来社（2013・08）

　著者は、放射能をテーマにしたドキュメンタリー映画「あの日から変わってしまったその空の下で」（二〇一四年に公開）の監督です。二〇一一年春、母親になった著者は、妊娠出産を経てこの時代に母として生きることの意味を再確認し、福島から全国各地に避難した四〇家族の母親たちの声を取材します。そのうちの六家族について、3・11後、どんな体験をし、何を悩み、苦しみ、どういう決断をしたかを、母親の立場で克明に記しています。巻末に、放射線量を測定できる場所等の紹介があります。

『ふくしまの子どもたちが描く
あのとき、きょう、みらい。』
福島相馬の小学生たち〔絵〕
蟹江杏・佐藤史生〔編〕
徳間書店（2011・10）

■子どもたちからの発信

ことばを失うような過酷で痛ましい現実を乗り越えるには、ことばを取り戻し、表現することも大切なことだと思いました。そして、子どもたちのことばを書き記し、しっかり次世代に伝え残すことも必要でしょう。

この項では、子どもたちの率直な心の叫びや、悩んだり弱気になったりしながらも、何とか乗り越えようとする姿が語られている本を集めてみました。子どもたちの純粋な目には、「3・11」とその後がどう映っているのでしょう。

『ふくしまの子どもたちが描く　あのとき、きょう、みらい。』

福島の子どもたちは、3・11以降、理不尽な惨《むご》い体験も多くしたことでしょう。今もたくさんの子どもたちが不安やストレスのなかで生活していると思います。

この本は、「被災地の子どもたちに絵本と画材を！」プロジェクトから生まれました。相馬市の避難所でおこなった絵画教室、版画体験教室が総合学習にも発展するなかで、子どもたちは絵を描くことで、こわかった体験、喪失の悲しみ、怒り、未来への夢を表現していきます。

その絵には、関係者（担任）のコメントがあり、描いた子どもの背景がわか

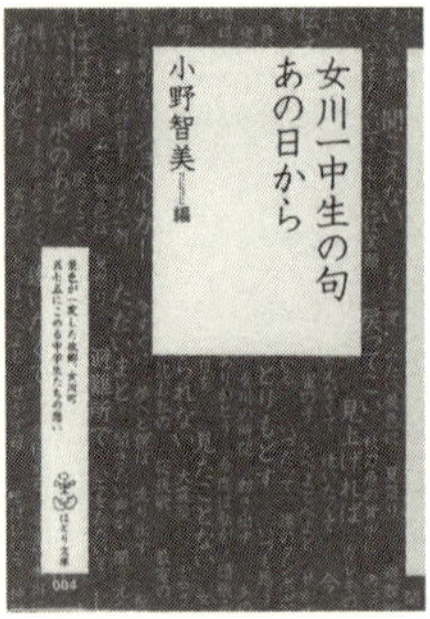

『女川一中生の句　あの日から』

小野智美〔編〕はとり文庫
羽鳥書店（2012・08）

ります。津波の絵もありますが、カラフルな未来への希望の絵もあるので少しほっとしました。絵ができるまでの過程と考察文をはさみながら、子どもたちの描いた伸びやかでカラフルな絵が「あのとき、きょう、みらい」を伝えてくれます。

被災した子どもたちが津波の絵を描くまでには、時間・描く場所・人との信頼関係が必要だそうです。被災体験は、子どもたちにとって、できれば封印してしまいたいできごとでしょう。でも、それを表に出すことで、子ども自身の次の一歩にもなります。そしてまた、貴重な記録にもなることでしょう。

『女川一中生の句　あの日から』

子どもたちは失ったことばを、ようやくとりもどしてきたようです。また、ことばで表現することで現実を乗り越えようとしているのかもしれません。つらい体験をした子どもたちの真実のことばに心を揺さぶられます。

あの日から半年後、朝日新聞記者として現地に転勤した編者が取材するなかで、女川一中の生徒と先生に出会います。そして授業で作った俳句を知り、俳句で彼らの心の軌跡を追っています。子どもたちは季語にこだわらず、あふれる思いを句にしています。

『みあげればがれきの上にこいのぼり
地球人の交換日記　（1）』
山中勉〔編著〕
日本宇宙フォーラム（2012・03）

「会いたいよ　今も変わらぬ　この気持ち」

「いつだって　道のタンポポ　負けてない」

「うらんでも　うらみきれない　青い海」

「聞いちゃった　育った家を　壊す日を」

「ただいまと　聞きたい声が　聞えない」

「白い地に　これから絵具を　ぬっていく」などなど。


俳句を指導した教師、卒業式の校長の式辞、生徒の答辞なども掲載され、何度も胸が熱くなりました。文庫版の小さな本ですが、多くのことを伝えてくれています。

『みあげればがれきの上にこいのぼり　地球人の交換日記　(1)』

本の形態や出版社は違いますが、前に紹介した『女川一中生の句　あの日から』の姉妹編ともいえる本で、女川の中学校の生徒が作った五・七・五の句から連想することばを後ろにつなげて、何人かで積みあげています。

たとえば「みあげれば　がれきの上に　こいのぼり」という生徒の句に、ドイツからは「希望の風が　吹きわたっている」、アルジェリアからは「あきらめないと　空を泳いだ」とあり、さらにタイからは「それを見て　私は涙を浮かべる」と、ことばが続きます。知らない同士が互いを思いやり、寄り添い、新たな世界を文で構築するという試みです。元の句にほかの学校の生徒の句がプラスされ、さらにまた、女川の中学生がことばを続けているものもあります。中学生のことばのセンス、感性、思いの深さに感心しました。

『僕のお父さんは東電の社員です』
毎日小学生新聞〔編〕森達也〔著〕
現代書館（2011・11）

『僕のお父さんは東電の社員です』

原発事故から三週間後、毎日小学生新聞に小学校六年生の男の子から「僕のお父さんは東電の社員です。東電だけが悪いのでしょうか。まずみんなで話し合いたい」という内容の投書がありました。

それがきっかけとなり、賛成とか反対ではなく、小学生から中・高校生、おとなまでがその問題について考えを深めることになり、さまざまな意見が寄せられました。それらをまとめ、著者が感想と問題提起をしています。

子どもたちの発する率直なことばが、たくさんのことを訴えてきます。

『僕らは今を生きている
東北の子どもたちからの
メッセージ』
かとうゆういち〔写真〕
児童健全育成推進財団（2012・04）

大震災で被害が甚大だった岩手県釜石市、大船渡市、宮城県気仙沼市の六つの児童館・児童クラブの子どもたちの笑顔の写真と、子どもたちの手描きの絵やことばに、写真家の短いコメントがあります。

「子どもの笑顔は国の宝物」「相手を知ろう。知りたいと思うことが笑顔への第一歩」と、写真家の著者はいいます。

どの写真も笑顔、笑顔、笑顔。子どもたちの笑顔が輝いています。子どもたちの笑顔がずっと続きますように。

『 宮城県気仙沼発！
ファイト新聞』
ファイト新聞社〔著〕
河出書房新社（2011・07）

地震から一週間後、気仙沼小学校に避難していた子どもたちは手書きの壁新聞を作りはじめました。最初は四人だった編集部員は、やがて十二人に増えました。

震災後の一か月半にどんなことがあったのかがつづられた新聞を写真で紹介しています。

ルールはひとつ。「暗い話は書かない」ことでした。マスコミの取材が続き、全国から応援のメッセージが届いたということです。

創刊号から一か月半の全号が収録されています。

『3/11 キッズフォトジャーナル
岩手、宮城、福島の小中学生
33 人が撮影した「希望」』
3.11 Kids Photo Journal〔編〕
講談社（2012・02）

この本は、「3・11キッズフォトジャーナル」というプロジェクトから生まれました。東日本大震災で被災した子どもたちから見た「震災後」のことを、世界に向けて、写真と文章で伝えるプロジェクトです。

岩手、宮城、福島三県の小・中学生三十三人によって結成され、自分たちの視点から、被災地の歩みや決意を伝えています。メンバーたちの活動テーマは、「写真を通して世界中の人々にメッセージを伝える」ことです。過酷な体験を通して思考も深められ、成長した子どもたちの未来に希望を感じました。

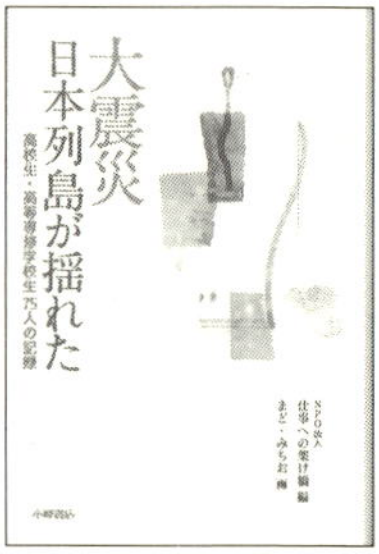

『大震災 日本列島が揺れた
高校生・高等専修学校生 75 人の記録』
仕事への架け橋〔編〕まどみちお〔画〕
小峰書店（2012・07）

編者であるNPOは、高校生などが職業に就く前に研修や講演などでサポート活動をしている団体です。企画の一つとして毎年「私のしごと」という作文募集をしていますが、震災後に「東日本大震災若者応援メッセージ」と銘打って募集を呼びかけ全国から四千百四編もの作文が寄せられました。

この本には被災地をはじめ、全国から集まった七十五編の力のこもった作文が収録されています。

困難から立ち上がり、新しい未来への希望をも語る若者の姿が強く印象に残りました。

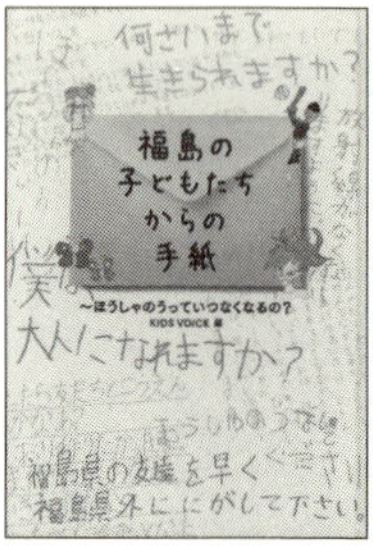

『福島の子どもたち
からの手紙』
KIDS VOICE〔編〕
朝日新聞出版（2012・02）

3・11の原発事故後、福島の子どもたちは通常の生活ができなくなりました。他県の見知らぬ町に引っ越した子。福島にとどまって窮屈な生活を余儀なくされた子。

さまざまな子がさまざまな思いを抱えながら、さまざまな生活をしていることでしょう。元気を取り戻した子もいるでしょうが、今も息苦しさが続いている子もいると思います。悩みもつらさも、そして、喜びもそれぞれでしょう。五十六人の子どもたち一人ひとりの体験と心情が、絵や作文やメッセージにこめられています。

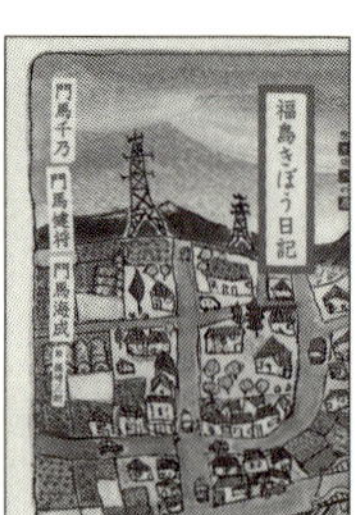

『福島きぼう日記』
門馬千乃・門馬健将・門馬海成〔著〕
篠崎三朗〔絵〕
講談社（2012・03）

福島原発から二十キロの南相馬に住む姉弟たち（中一・小五・小三）は、仕事があって離れられない父を残し、母親と祖父母といっしょに会津若松市に避難します。震災当時とその後の三人の生活記録が、毎日新聞福島版に掲載され、その日記が本になりました。

震災とそれに続く原発事故の恐怖と混乱のなか、子どもたちがどんな状況でどんなことを考えながら災害を乗り越えてきたのか。それぞれの年齢によって、少しずつ違う正直な感想が述べられています。

『まげねっちゃ』
まげねっちゃプロジェクト〔編〕
青志社（2012・03）

津波の被害にあった女川町の五つの小・中学校の子どもたちが、3・11とその後に体験した過酷な現実、悲しみ、怒りを、そして支援への感謝や家族への愛の気持ちを、作文や俳句、絵、写真など、さまざまな方法で表現しています。先生たちのことばも添えられた、重たい一年間の記録です。

「女川の 希望の星は ぼくたちだ」と、きびしい現実を笑顔で乗り越えようとしている子どもたちの未来に、たくさんの幸せが訪れますように。

『子どもたちの 3.11
東日本大震災を忘れない』
Create Media〔編〕
学事出版（2012・04）

岩手、宮城、福島、茨城各県在住の十歳から十九歳の子どもたちによる被災体験記集です。インターネットで公募した体験文ですが、被害当日からとその後の子どもたちの行動、体験、考えたことなどが、どの文からもストレートに伝わってきます。読んでいてずっと涙腺がゆるみっぱなしでした。子どもたちの生《なま》の声をしっかり、受け止めたいものです。

被災地にどんな支援をしたらいいかのヒントも載っています。漢字にふりがなはついていませんが、中・高校生には読める内容です。

『つなみ 被災地の子どもたちの
作文集（完全版）』
森健〔編〕
文藝春秋（2012・06）

岩手県、宮城県、福島県の子どもたち百十人以上の体験文が掲載されています。編者のことばに、

「人生には忘れるべきこと、忘れたほうがよいこともある。その反面、自分、あるいは社会のために、忘れずに伝え続けるべきものもある。ここに収められた子どもたちの作文は、そんな長い時間のなかで、くり返し読み継がれるべきものだと思う。恐れ、祈り、不安、安堵、希望。真剣に向きあったことばほど、読み手に伝わるものだからだ」とあります。まさに、どの作文も、このことばの通りだと思いました。

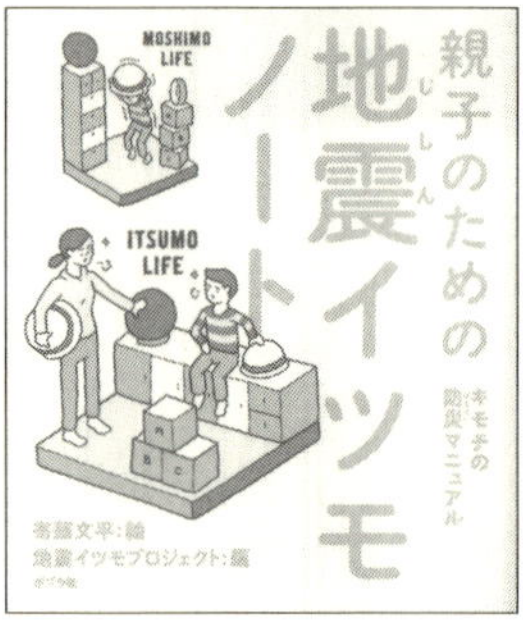

『親子のための 地震イツモノート』
寄藤文平〔絵〕地震イツモプロジェクト〔編〕
ポプラ社（2011・08）

■その他（さまざまな表現で）

これまでのジャンルに入らなかった本を紹介します。どの本も、復興・被災支援のために自分にできることはと考え、迷い、表現したのだろうと想像しました。その表現の多様さにも驚き、感銘を受けました。

『親子のための地震イツモノート』

地震がない日はないといわれている日本だから、「モシモ」ではなく「イツモ」心の準備と蓄えが必要だという視点で書かれています。阪神淡路大震災の被災者一六七人の声をもとに作られた『地震イツモノート』は、二〇〇七年に木楽舎から出版されていますが、この本は子ども向けに整理しなおしたものです。

地震はどうして起こるの？　地震の瞬間はどう感じるの？　地震のあとはどうなるの？　など、防災、被災時、被災後のノウハウがイラスト付きの具体例を示して読みやすく書かれています。大きなハンカチをもっているとマスクや包帯として使える、地震が起きたらどこで会うか家族のルールを決めておくなど、地震に備えるコツ、備品一覧も収録されていて、家族で読んでおきたい防災の本となっています。

『3・11後を生きるきみたちへ
福島からのメッセージ』
たくきよしみつ〔著〕
岩波書店（2012・04）

『世界の言葉で「ありがとう」
ってどう言うの？』
池上彰・稲葉茂勝〔著〕
今人舎（2012・08）

『3・11後を生きるきみたちへ　福島からのメッセージ』

著者は、新潟県の山村に住んでいるときに中越地震に遭い、創作を続けるために福島県川内村に転居します。そこでまた、原発事故のために住めなくなり、栃木県日光市に引っ越すことを余儀なくされました。

3・11以降の一年間にどんな困難があったのか。被災した体験、隠された事実と正確でない情報で翻弄《ほんろう》されたこと、その後の政府や行政の対応と住民の苦悩、そしてコミュニティはなぜ壊れていったのか。さまざまな問題が被災者に襲い掛かり、心を病む事態になっていくようすが包みかくさず真摯《しんし》に語られます。

放射能やエネルギー、原子力などの課題も、さまざまな角度から問題提起しています。真実と思いを率直に語ることで、「これからの日本について考えてほしい」というメッセージを、若い人たちに向けて送っている本です。

『世界の言葉で「ありがとう」ってどう言うの？』

震災後、世界のさまざまな国の救援隊の復興支援がありました。この本では、どこの国が、どんな支援をしたかを写真で見せてくれます。同時に、どんなひどい災害であったかも伝えています。

『小さくても大きな日本の会社力⑨
考えたい！東日本復興のためにできること』
坂本光司〔監修〕・こどもくらぶ〔編〕
同友館（2013・03）

またこの本には、二二の国の位置と国旗とことばと文字も載っています。「ありがとう！」を、いろんな言語で心を込めて伝えれば、国同士も人間同士も仲よしになれるのではないでしょうか。

『小さくても大きな日本の会社力⑨　考えたい！東日本復興のためにできること』

全国から注目されているすてきな会社を紹介する「日本の会社力」シリーズの九巻では、東日本大震災から復興するためにがんばっている会社を取り上げています。

自ら被災しながらも、翌日から六日間にわたって手書きのかべ新聞を発行しつづけた「石巻日日《にちにち》新聞社」。

六つあった工場すべてが被害を受けたことで社員を全員解雇したものの、工場再開と再雇用をはたした水産加工会社「八葉水産」。

津波で酒蔵を失い、残った酵母で避難先でふたたび地元産の酒づくりにとりくむ「鈴木酒造店」。

被災地に音筆《おんぴつ》というＩＴ機器をつかって絵本の朗読を届けたり、いち早く被災者向けの童話集などを発行した出版社「今人舎」等々……。

地域や世のなかに貢献する志の高い企業の存在を頼もしく思いました。

『つらかんべぇ
生きる力がわく珠玉の言葉』
漆原智良〔著〕
今人舎（2011・08）

著者は、東京大空襲で家族、家、すべてを失い、戦災孤児として歩んできました。その過程で出会って励まされた人のことばがたくさん紹介されている本です。

「珠玉の言葉」を発するのは、けして偉い人ばかりではなく、近所のおじさんということもあります。また、本を読んで出会ったことばも大きな存在です。大震災で、大切な人や物を失った子どもたちに、同じようなつらい体験を潜り抜けてきたおとなから寄せられるメッセージは、今すぐには無理かもしれませんが、いつかきっと届くと思います。

『こども東北学』
<よりみちパン！セ>シリーズ
山内明美〔著〕
イースト・プレス（2011・11）

「東北学とは？」について、著者は本の中で次のように言っています。

「社会の複雑な仕組みを〈東北〉という場を起点として、自由にものを考えてみよう」と。

著者は東北の農家出身で、この本では震災・原発災害を受けたことを機に、「東北」についてしなやかに、しかし考え深く語っています。

また、東北だけでなく、日本が今置かれている危機的な状況について、「東北」をキーワードにわかりやすく問題提起しています。

『震災が教えてくれたこと』
今野公美子〔著〕
朝日学生新聞社（2012・02）

このエッセイの著者は、朝日小学生新聞記者です。震災による津波によって父母と妹を亡くしました。悲しみと揺れ動く心情のあるがままを、淡々と静かにつづっています。

でもそこに、「記者ならでは」の社会に対しての冷静な目線も感じました。

震災をさまざまな側面で伝え続けることは大切なことです。被災者であり、ジャーナリストの立場でもある著者の記録は、とても貴重だと思いました。

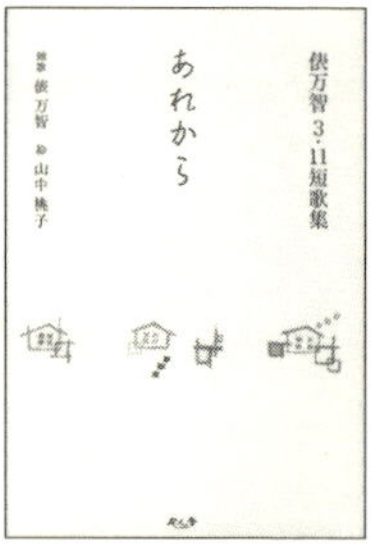

『あれから 俵万智 3・11 短歌集』
俵万智〔短歌〕山中桃子〔絵〕
今人舎（2012・03）

著者は、被災後に仙台市から七歳の息子といっしょに、西へ西へと住居を移し、ついに南の島に住みつくまでのことを短歌にして詠っていいます。

「空腹を　訴える子と　手をつなぐ
　百円あれど　おにぎりあらず」
「震災の　映像見れば　指しゃぶり
　いよよ激しき　7つの心」
「何色にも　なれる未来を　願う朝
　白いガーベラ　君に手渡す」

など、わが子の健やかな成長を願う母親の純粋な願いが、まっすぐ伝わってきました。

『ＷＩＳＨくん』
ドン・カ・ジョン〔ハガキ絵〕
内多勝康〔文〕
今人舎（2012・03）

絵葉書の絵とことばに「願い」を託して、人から人へと伝える仕事のなかから生まれたハガキ絵本です。

　そのなかに、東北へのメッセージも、柔らかな絵と短いことばで送られています。


「一日も早く、きれいな空、空気、水、土が戻ってきますように」

「がれきの山は宝の山」

「原発のかわりに木を植えよう」

「子どもの数だけ空がある」

「ぼくらは　おんなじ星の　乗組員です」


　ということばが、絵とともに印象に残りました。

『これからだ
林家木久扇 3・11 俳句画集』
林家木久扇〔俳句・画〕
今人舎（2012・08）

落語家の林家木久扇さんが、絵を描いたり、俳句も詠《よ》むとは知りませんでした。

「震災」を題材にした俳句ですが、突き抜けた明るさをもった絵がついています。落語家ですから、どんなときでも、笑いと元気を届けるのが仕事なのでしょう。

　この中で好きな句は、

「金環食　照らす荒畑　神おりむ」


　でした。

　被災地に「救いの神が降りますように」と、私も祈りたくなりました。

『見学しよう工事現場⑥港』
溝渕利明〔監修〕
ほるぷ出版（2012・11）

『見学しよう工事現場』全八巻のうちの一冊で、東日本大震災で地震と津波の被害を受けた仙台市塩釜港の復旧工事の現場を紹介しています。

大型コンテナ船が利用する岸壁をどんなふうに短期間で復旧したか。また、防波堤を作りなおす工事についてが中心ですが、作業で活躍する機械や一日の作業の流れ、復旧するまでの工程など、知りたい情報が写真と文で詳しく書かれています。それぞれの分野の専門家が、あちらこちらで復興に力を入れていることがわかります。

『僕らの大きな夢の絵本
宮古市赤前の子どもたち』
僕らの夏休み Project〔編〕
竹書房（2013・05）

震災直後は自粛ムードで、「子どもたちに楽しい元気な時間を！」と交流を願うボランティアの東京の大学生たちの想いはなかなか理解されませんでした。でも、現地に行った彼らを「子どもたちの現状を打破できるかもしれない」と盛岡市の小学校が受け入れてくれます。

「一過性で終わらせない」と継続して活動している大学生に、責任も伴うボランティア精神をみせてもらいました。

子どもたちが描いた「わたしの、ぼくの将来の夢」の絵が伸びやかで、心に残りました。

『何のために生まれてきたの？』
やなせたかし〔著〕
ＰＨＰ研究所（2013・02）

子どもたちに人気のアンパンマンが生まれた背景、前向きな生き方がよくわかる、十章からなるエッセイ集です。著者のやなせ氏による「復興への思い」も書かれています。「絶望せずに一歩一歩すすむ」「その気力をあふれさせるためには、ちゃんと食べる」という内容の、著者が作った「アンパンマンのマーチ」は、被災地で子どもたちだけでなくおとなも元気づけました。著者は、アンパンマンのポスターを陸前高田市に寄付し、『希望』という歌もＣＤにして、陸前高田市に贈ったということです。

『アライバル』

ショーン・タン〔作〕
河出書房新社（2011・04）

「アライバル」は到着という意味もありますが、誕生という意味もあるそうです。

　不安な気持ちで故郷を離れ、新たな土地に移り、生まれ変わる……。過去の自分を捨てなくてはならないつらさと、新しいチャンスを手にするまでの両面を、セピア色のコマ割りでアルバムのように描いた、文字の無い質の高い絵本です。

　さまざまな国や時代の移民の体験から着想したということの本は、「故郷の喪失と再生」の象徴として、今回の震災に関連付けて話題になったそうです。

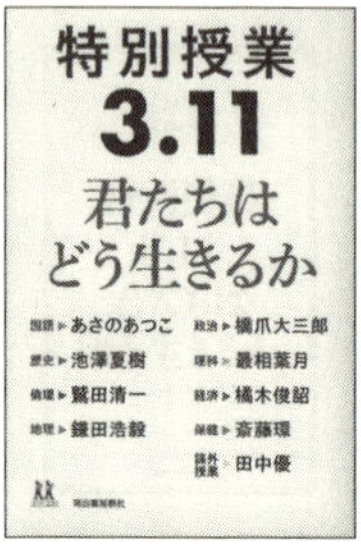

『特別授業 3.11
君たちはどう生きるか』

あさのあつこ他〔著〕
河出書房新社（2012・03）

「知ることは生き延びること」をテーマとする「十四歳の世渡り術シリーズ」の一冊です。あさのあつこ氏は国語、池澤夏樹氏は歴史、鷲田清一氏は倫理など、各分野の識者が若者に向けて、３・11のことを語っています。最終章の課外授業では、田中優氏が「ボランティアの心得と原発事故」について述べています。「被災者を一時的に助けるだけでなく、新たな社会づくりの一歩を踏み出すことが、震災から時間がたった今、必要ではないか」とありましたが、そのことばがすとんと胸に落ちました。

第三章　科学の本から3・11を検証する

科学関係の本は、「地震・津波の本」「防災の本」「エネルギー関連の本」「原発・放射能の本」の四つのテーマに分け、本のデータと簡単な紹介のみにしました。比較的やさしい幼年・小学生向けの本は、「絵本」「児童書」の項で紹介しましたので、ここでは図書館や学校での調べ学習に役立ちそうなものをまとめてみました。難易度の参考になるように、ページ数と本の大きさ、定価等が示してありますが、科学分野の専門家ではない私の眼に触れたもののみにしました。題や内容が同じようでも、よく見ると特徴があります。

ここに取り上げなかった本もまだたくさんあると思いますし、また今後も出版されると思います。実際に手にとり、ご自分の目で確かめてからの購入をお薦めします。

『ドラえもんの
地震はなぜ起こる
どう身を守る』

国崎信江〔監修・協力〕
藤子・F・不二雄〔キャラクター原作〕
三谷幸広〔漫画〕
小学館（2011・06）A5判・95P・￥840

親子で読みたい、子ども向けの地震の本。被災地の小学生からのメッセージではじまり、「地震って何?」「起こったらどうする?」「地震への備え」「地震との付き合い方」「被災地のこと」等が、ドラえもんが登場するマンガで描いてあり楽しく学べます。巻末に、ふりがな付きでおとな向け「子どもを災害から守る16か条」の防災記事が入っています。

『津波は怖い!』
みんなで知ろう! 津波の怖さ

港湾空港技術研究所〔監修〕
沿岸技術研究センター〔編〕丸善プラネット
（2010・04 初版発行　2012・02 改定版発行）
B5判・61P・￥1,050

写真やイラストで、津波のメカニズム、普通の波との違い、シミュレーション、体験した人の話、津波対策、地域や家族や自分の心構えの見直しと備えなど、必要と思われる知識が網羅されています。

津波による家の破壊実験など、どのような研究テーマがあるかについても紹介しています。

『地球の声に耳をすませて
地震の正体を知り、命を守る』

大木聖子〔著〕
くもん出版
（2011・12）A5判・143P・￥1,470

東日本大地震で、なにが起きたのか?

なぜ津波は発生し、なぜ余震は続いているのか?

地震への正確な知識を得ることで命を守ってほしいとの願いをこめて、地震学者が地震や地球についてわかりやすく教える、小学校中・高学年向きの科学読み物です。

『地震のはなしを聞きに行く　父はなぜ死んだのか』

須藤文音〔文〕
下河原幸恵〔絵〕
偕成社（2013・03）
A5判・137P・￥1,470

東日本大震災の津波で父を失った著者が、「なぜ父が死んだのか」を知るために専門家をたずね、質問し、話を聞く過程が述べられています。

「なぜ地震は起こるのか」を地震学の松澤暢氏に、「地震の歴史」を地震考古学の寒川旭氏に、防災のことを防災学の河田惠昭氏に質問しています。

『巨大地震をほり起こす　大地の警告を読みとくぼくたちの研究』

宍倉正展〔著〕
少年写真新聞社
（2012・04）A5判・141P・￥1,575

地震や津波の研究現場での実態を紹介することで、自然現象の不思議に興味をもってほしいという観点から書かれている本です。

この分野に興味をもつ研究者が増えることで、研究も深まり必然的に震災被害を少なくするという考えに共感しました。

『日本列島大地まるごと大研究　4　地震の大研究』

金沢敏彦〔監〕
吉田忠正〔文／写真〕
ポプラ社
（2012・04）A4判・47P・￥2,940

「地震や津波はどうしておこる？」「地震と津波のあとを調べよう」「地震観測と予測の最前線」「地震の歴史を知ろう」の四章のほか、地震について調べられる資料館・博物館の付録が付いています。

ふりがな付きで、たくさんの写真と図版をつかって解説しています。

『新・地震をさぐる』

島村英紀〔著〕
さ・え・ら書房（2011・11）
四六判・231P・￥1,680

この本は一九八二年に国土社から出版され、日本科学読み物賞を受賞した『地震をさぐる』という本を全面的に書き直したものです。

地球物理学者の著者が地震の正体、過去における世界や日本の被災状況、地震研究の最前線、予知のことまでを広範に、そしてていねいに語っています。

『大地震・火災・津波に備える　震災から身を守る52の方法』

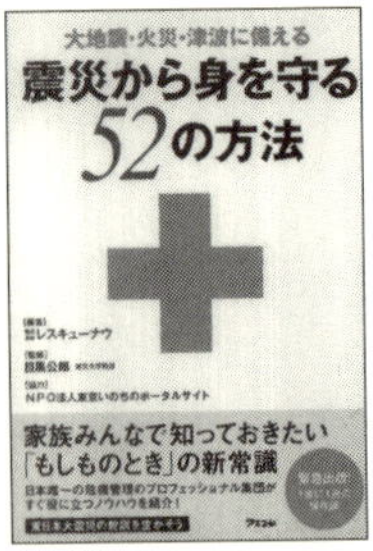

レスキューナウ〔編〕目黒公郎〔監〕
アスコム（2011・04）
A5判・157P・￥840

日常的に災害イメージ能力をつけることが大切であるという観点から、今までの「常識」を再考させてくれます。

火を消すタイミング、会社から帰宅するまでの道中について、貼り紙やインターネットの活用など、具体的なヒントがイラスト付きで紹介された家庭用の一冊です。

『子どものための防災BOOK　72時間生きぬくための101の方法』

夏緑〔著〕たかおかゆみこ〔絵〕
童心社（2012・03）
B5判・87P・￥3,675

被災後三日間を生きのびるために必要なことを、時系列で伝えています。

ふりがな付きで写真やカットも多く、時間と興味に合わせて読む箇所を選択できる工夫もあり、小学校中学年以上の子どもにも読めます。

時間計算機、避雷針の角度計のおまけ付きです。

『防災なるほど解説　下巻（災害応急対策・災害復旧・復興・災害対策関係の法律）』

安全・安心な社会創造研究所〔監修〕
災害復興まちづくり支援機構〔協力〕
フレーベル館（2012・02）
A4判・95P・￥4,725

モノクロの地味な本ですが、ていねいな取材と豊富な情報が満載です。

この本の特徴は、災害対策関連の法律と用語解説があることです。行政関係者にとっても、基本的な情報や知識が得られる便利な本かと思います。

一部ふりがな付きなので中・高校生にも読むことができるでしょう。

『災害・防災図鑑 すべての災害から命を守る』

ＣｅＭＩ環境・防災研究所〔監〕
文溪堂（2013・03）
A4判・111P・￥3,360

「たいへん！」では、地震や津波で、どんなことが起きるか。「どうして！」では、災害はどのようにして起きるのか、その原因を。「そなえよう」では、災害にあう前の備えについて、写真や図版でわかりやすく解説しています。

局地的豪雨や竜巻、巨大な積乱雲がもたらす災害についても説明しています。

『東日本大震災に学ぶ 日本の防災』

地震予知総合研究振興会〔監〕
学研教育出版（2012・02）
A4判・95P・￥4,725

地震や津波のメカニズムと防災、被災後の行動のヒント、原子力発電所事故と身の守り方などが、たくさんのカラー写真とイラストを使い、ふりがな付きで書いてあります。

最後に、被災地の気仙沼市の中学校卒業生による、卒業式の心打たれる挨拶文も掲載されています。

『3・11が教えてくれた 防災の本』

片田敏孝〔監〕かもがわ出版
A4判・各31P・各￥2,625
①地震（2011・12）②津波（2012・02）
③二次災害（2012・03）④避難生活（2012・02）

導入に絵本形式でテーマを紹介しているので、具体的なイメージがしやすい本です。写真もふんだんに使われ、ワンポイント知識も示されています。ふりがな付きなので読みやすく、現場で起きるだろうさまざまな問題について、豊富に、しかもこまやかな配慮でふれています。

『決定版　巨大地震から子どもを守る50の方法』

国崎信江・地震から子どもを守る会〔著〕
ブロンズ新社（2012・03）
A5 判・159P・￥1,365

この本の特徴は、危機管理アドバイザーの国崎氏自身が実行していることを、イラスト付きで紹介していることです。

非常持ち出し袋、防災ベストの中身、備蓄食料、災害保険のこと、おすすめグッズの優れものの値段と販売会社の紹介もあり、すぐ役立ちそうです。

『大地震を生き抜く48の知恵』

震災対策研究会〔編著〕国崎信江〔監〕
イースト・プレス（2013・06）
B6 判・127P・￥1,155

「大地震だッ」

「大震災に備える」

「津波や火山噴火にも備える」

「被災した後の生活を考える」

「日本は地震活動期に入った」

の五つのテーマが、イラストと図解でわかりやすく書かれています。


中・高校生から大人向きで、小型の本なので持ち歩きに便利です。

『大地震にそなえる自分と大切な人を守る方法』

渡辺実〔著〕
中経出版（2011・05）
B6 判・191P・￥1,260

「大切な人と一緒に生き残る」「防災よりも減災を」というテーマがこの本の特徴です。

「心構え」からはじまり、発生○秒、発生当日、発生一週間後まで、何をどうやって乗りきったらいいかが、時系列で、わかりやすく具体的に解説してあります。

『つながる・ささえあう社会へ③ 災害から学ぶユニバーサルデザイン』

神保哲生〔監〕
あかね書房（2012・03）
A4判・47P・￥3,150

ビデオジャーナリストの監修者により、必要と思われる幅広い知識や情報が読みやすく収まっています。

　被災者も支援者も、最終的には「自立」にいきつくべきだという監修者の考え方が、具体的な記述で随所にあらわれています。

『子どものための防災訓練ガイド』

『①防災マップ・カルテ作り』『②防災訓練　避難と行動』『③防災キャンプ』

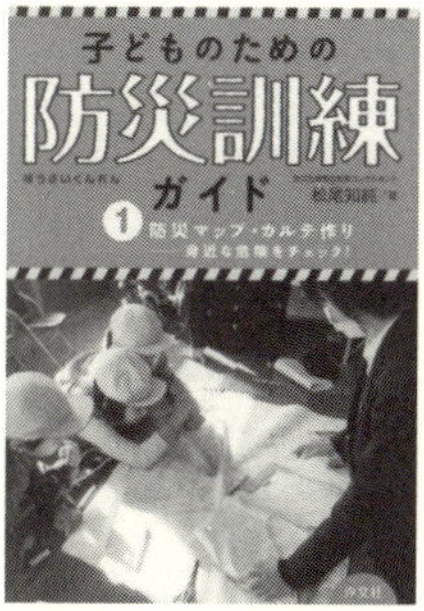

松尾知純〔著〕
坂道なつ〔絵〕
汐文社（2013・04）
B5判・各47P・各￥2,310

著者は、防災危機管理教育コンサルタントです。

チェックシートが付いている図や表に書き込むことができるので、防災教育のワークショップに活かせそうです。

　ふりがながふってありますから、授業ではもちろん、小学校の中・高学年からは子どもだけでも使えそうです。

『にげましょう 災害でいのちをなくさないために』

河田惠昭〔編著〕ＧＫ京都〔編〕
共同通信社（2012・04）
B5判・117P・¥1,365

横に長い絵本形式で、さまざまな災害の場面に、「にげましょう」のことばがくり返し語られています。災害は洪水、竜巻、土砂崩れ、火山噴火、高潮、津波と広範囲に述べられていますが、最後に大きなウエイトを占めているのが、原発事故のことです。災害危険評価表によると、最も危険な災害が原発事故と津波という結果報告にもうなずけました。

『知ろう！再生可能エネルギー』

馬上丈司〔著〕倉阪秀史〔監〕
少年写真新聞社（2012・04）
A5判・142P・￥1,575

再生可能なエネルギーについて、かみ砕いて語ってくれる本です。

「日本や世界の現状や課題」「持続可能で環境にも良い資源は何か」「私たちの生活はどう変わっていくのか」がふりがな付きで紹介されていて、エネルギーについてさまざまなことを考えることができる本です。

『こうすれば じょうずに節電できる』

池上彰〔監〕
こどもスーパー新書
小学館クリエイティブ（2012・06）
B6変・168P・￥840

まずは、身の回りの電力浪費からエネルギー問題に発展するまでがマンガで描かれ、その後、子どもでもできる節電対策が具体例で紹介されています。メリハリのある章立てや、イラストもあり、理解できたか確かめるチェックシートなど、工夫が随所にあり、学校の授業に活かせる本です。

『もんじゅ君と みる！よむ！わかる！ みんなの未来のエネルギー』

もんじゅ君〔著〕飯田哲也〔監〕
河出書房新社（2012・07）
A5判・126P・￥1,470

ゆるキャラ「もんじゅ君」の語りによる読みやすい本で、内容も充実しています。

「原発がないと、電気はたりないの？」「かしこい省エネのしかたって？」などの質問に対してわかりやすく解説しています。カラー写真やイラストもあり、マンガを多用しています。

『日本一わかりやすいエネルギー問題の教科書』

水野倫之〔著〕
講談社（2012・02）
B6判・165P・￥1,260

今までなぜエネルギーを、原子力にたよっていたのか。未来はどうしたいか。

　福島第一原子力発電所の二〇キロ圏内にある富岡町の小・中学生から寄せられた質問に答えるという形式で、ＮＨＫの水野倫之解説委員が、エネルギー問題をわかりやすく解説しています。

『世界と日本のエネルギー問題』（全5巻）

『エネルギーと人びとのくらし』　（2012・10）
『かぎりあるエネルギー資源』　（2012・11）
『エネルギーと環境問題』　（2012・12）
『エネルギー自給率を考える』　（2013・01）
『エネルギー問題にたちむかう』　（2013・02）
小池康郎〔監〕文研出版
A4判・各47P・各￥2,625

ふんだんな写真と図と資料で多角的にエネルギー問題を紹介しています（ふりがな付き）。

　監修者は現在、法政大学自然科学センター長をつとめる傍ら、エネルギーについての理解を深めるために、一般向けに「サイエンスカフェ」を開いています

『子どもたちの未来を創るエネルギー』

田中優〔著〕
子どもの未来社（2013・03）
A5判・134P・￥1,470

一貫して脱原発の立場で発信をしている著者が、省エネと自然エネルギーによって、安価で持続可能なエネルギーを確保できることを伝えてくれます。

また、原発でなくても雇用を生む根拠となるデータや、原発推進のカラクリなどにもふれている、高校生向きの本です。

『いますぐ考えよう！未来につなぐ資源・環境・エネルギー』（全3巻）

①原子力発電を考える（2012・03）
②エネルギーの自給自足を考える（2012・04）
③石油エネルギーを考える（2012・04）
田中優〔著〕山田玲司〔画〕岩崎書店
A4判・各42P・各￥3,150

テーマ別に整理して紹介しています。ふりがなは一部だけですが、大きめの文字でマンガを挿入していたり、用語解説があったりと工夫されています。

原発のことだけでなく、電気料金のしくみ、電力消費のピークなどについても述べています。

☆エネルギー関連の本

『よくわかる 再生可能エネルギー』

矢沢サイエンスオフィス〔編〕
学研教育出版（2012・02）
A4判・95P・¥4,725

原発事故で注目されるようになった未来の自然エネルギーはどんなものがあるか。また、そのしくみや最新技術をくわしく解説しています。

太陽の光と熱、風力、水力、海の波力、地熱ほかのエネルギーによる発電の特長や問題点を、図版を使って紹介しています

『エネルギーあなたはどれを選ぶ？』（全3巻）

『①これまでのエネルギー』
『②太陽、風力、地熱エネルギー』
『③これからのエネルギーと省エネ』
岡田久典〔監〕さ・え・ら書房（2012・06）
A4判・39P・各¥2,730

カラーのイラスト、図解、写真が多用されていて、一部にふりがなが付き、大きめの文字で作られています。

また、地の色をテーマごとに変えてデザインしてあり、読みやすく工夫された本です。

ところどころに挿入されている「取材」欄に雑学ともいえる興味深い記事が多くあり、楽しく学べます。

日本の将来はどうなるの？
『資源の大研究』
レアメタルから太陽エネルギーまで

柴田明夫〔監〕
ＰＨＰ研究所（2012・09）
A4判・63P・￥2,940

ふんだんな図と写真を使ったわかりやすい本で、子どもだけでも楽しく学べる本になっています（ふりがな付き）。

「エネルギー資源」「鉱物資源」「持続可能な社会へ」の三章からなり、日本の将来へのヒントにもなるでしょう。

中学生の質問箱
『日本のエネルギー、これからどうすればいいの？』

小出裕章〔著〕
平凡社（2012・05）
B6判・207P・￥1,260

Q＆A方式でエッセイ風に書かれていて、八つのテーマに分けて原発事故後の日本の状況を考えさせてくれます。

日常生活に立ち返り、生活の仕方を考え直すと同時に、エネルギーや日本の将来を考える一助となる一冊です。一部ふりがな付きなので、中学生から読むことができます。

『どうする？ どうする？ ほうしゃせん』

山田ふしぎ〔作・絵〕
大月書店（2012・02）
B5 判・36P・¥945

前半は、ネコの語りではじまり、絵本で放射線から身を守る方法を、後半は図解で、放射線がなぜ危険なのかを伝えています。

著者はサイエンスライターでマンガ家。吹き出しのあるイラストによって放射線理解の入り口となりそうな、親しみやすい作りです。

『放射線になんか、まけないぞ！』

木村真三〔監〕坂内智之〔文〕
柚木ミサト〔絵〕太郎次郎社（2011・12）
B5 変判・48P・¥1,260

放射線への疑問にやさしく答えているので、授業でも使いやすい内容でしょう。

「世界で一番放射線に詳しい小学生になる必要がある」とあり、福島の教師ならではの著者の発信に危機意識を感じました。子どもたちに向けてだけでなく、おとなへ語りかけるコラムもあります。

『みんなが知りたい 放射線の話』

谷川勝至〔著〕
少年写真新聞社（2011・12）
A5 判・142P・¥1,575

「放射線ってどんなもの？」、「放射線ってあぶないの？（体への影響）」、「身のまわりにある放射線」、「放射能とのつきあい方」の四章が一部ふりがな付きで説明されています。

おとな向けの付録として、放射性物質のことや放射能の測定、除染などについて解説しています。

『おしえて！　もんじゅ君 ～これだけは知っておこう』

もんじゅ君〔著〕大島堅一／左巻健男〔監〕
平凡社（2012・03）
B6判・127P・￥1,050

ツイッターで人気のあったという「もんじゅ君」の目線で、「原発の話」「放射能の話」の二つのテーマでの基礎知識がQ＆A方式で学べる本です。ブログで脱原発を訴えたアイドルの藤波心《ふじなみこころ》さんへのインタビュー記事も入っています。

一部ふりがな付きで、参考文献も掲載されています。

『さよなら、もんじゅ君 ～高速増殖炉がかたる 原発のホントのおはなし』

もんじゅ君〔著〕小林圭二〔監〕
河出書房新社（2012・03）
B6判・203P・￥1,260

「早く廃炉になりたい」という高速増殖炉を擬人化した「もんじゅ君」の切ないつぶやきで、高速増殖炉問題について述べています。

悪者扱いされている原子力関連施設ですが、実は最も怖がっているのは自分を熟知している彼ら自身かもしれません。

『原発に反対しながら研究をつづける 小出裕章さんのおはなし』

小出裕章〔監〕野村保子〔著〕
クレヨンハウス（2012・04）
A4判・111P・￥1,260

前半はQ＆A方式で、子どもとその親に向けての十九の疑問に答えています。

第一部「子どもたちから小出さんへの質問」、第二部「放射能はなぜ危険か」、第三部「放射能から少しでも自分を守るには」とあり、一部ふりがな付きのわかりやすいことばで解説されています。

正しく知ろう！『原子力がわかる事典 しくみから放射線・原発まで』

原子力教育を考える会〔監〕
ＰＨＰ研究所（2012・09）
A4 判・63P・￥2,940

「原子と原子力」、「原子力と放射線」、「原子力発電のしくみ」の三章からなり、イラストや図で、わかりやすく解説しています（ふりがな付き）。

原発を止めた国と止めない国の事情も書かれていて、コラムでは世界の過去の被曝者の隠されていた秘密にもふれています。

『ストップ原発』（全4巻）

1・大震災と原発事故
野口邦和〔監〕新美景子〔文〕
（2011・12）

2・放射能汚染と人体
野口邦和〔監〕新美景子〔文〕
（2012・01）

3・電力と自然エネルギー
飯田哲也〔監〕新美景子〔文〕
（2012・03）

4・原発と私たちの選択
辻信一〔監〕高橋真樹〔文〕
（2012・03）

大月書店
A4 判・各 40P・各￥2,940

四冊とも図や比較表、年表などがあり、多角的に原発の問題を考えるきっかけになります。いたずらに恐怖や政治への不信感を述べるのではなく、正確で公正な事実を知ることで自分で判断ができるようになり、それを希望に繋げていくことを考えさせてくれるシリーズです。

『高校生からわかる原子力』

池上彰〔著〕
ホーム社（2012・05）
B6判・237P・￥1,365

大学の講義の形式で「爆弾に使われた原子力」から、「原発に未来はあるか?」までについて、マスコミで人気の著者が、原子力の歴史と問題点をていねいに解説しています。

ふりがながないので、高校生からおとな向きでしょう。原子力問題の詳しい年表と参考文献も掲載されています。

『セバスチャンおじさんから子どもたちへ 放射能からいのちを守る』

セバスチャン・プフルークバイル〔著〕
エミ・シンチンガー〔訳〕
岐阜環境医学研究所／発行
旬報社／発売（2013・04）
A5判・71P・￥997

著者はドイツの物理学者で、チェルノブイリ事故後の救援活動を生かすため、日本の原発事故の後、何度も来日しています。二〇一二年六月、福島県で行われた市民科学国際会議で、著者が会場の子どもたちに手渡した手紙を本にしたもの。著者は「これからも真実を探し求め、あきらめないで語り続ける」という覚悟を表明し、未来への架け橋である子どもたちに願いと思いを託しています。

『よくわかる原子力とエネルギー』（全三巻）

『①放射線がよくわかる本』
野口邦和〔監〕
『②原子力発電がよくわかる本』
舘野淳〔監〕
『③これからのエネルギーがよくわかる本』舘野淳・牛山泉〔監〕
ポプラ社（2012・03）A4判・47P・￥2,940

一部ふりがなが付き、小学校高学年から中・高校生向きとしてていねいに書いてあります。カラフルなイラストや図があるのでわかりやすい本です。三冊まとめて読むと、エネルギーの問題の基本がわかる図書館向きのシリーズでしょう。

☆原発・放射能の本

『14歳からの原発問題』

雨宮処凛〔著〕
河出書房新社（2011・09）
B6判・237P・￥1,260

「3・11」ではじめて原発の恐ろしさに気づいたという著者が、歴史社会学者・小熊英二氏、映画監督・鎌仲ひとみ氏、元原発労働者、獣医など、六名のその道の専門家を訪ね、原発について、基本から謙虚に学んだ内容が紹介されています。

『目で見て分かる！ 放射能と原発』

澤田哲生〔監〕
双葉社（2012・04）
B5判・97P・￥1,260

「原子力とは何か?」、「放射能とその影響」、「福島原発事故と日本の原発の今後」と、三つの章立てがあり「先ずは基本的な知識を得ることが原子力の問題を見えやすくする」と、図説を使ってていねいに解説しています。

一部ふりがなが付いた中・高校生向きの本です。

『放射線の大研究 ～見えない危険なエネルギー』

原子力教育を考える会〔監〕
ＰＨＰ研究所（2012・08）
A4判・63P ￥2,940

見えない危険なエネルギーを「見える化」した本で、その正体と被曝予防法まで、「放射線の基礎知識」「放射線による人体への影響」「放射線から身を守る」の三章で紹介しています。

ふりがなも付き、カラーの図表やイラスト入りでわかりやすく書いてあります。

『フクシマから学ぶ 原発・放射能』

安斎育郎〔監〕市川章人・小野英喜〔著〕
かもがわ出版（2012・02）
B5判・95P・¥1,680

内容は同じですが、ペーパーバックの普及版（一六八〇円）とハードカバー版（二六二五円）があるので、用途によって使い分けできます。

　一部ふりがな付きで、知っておきたい疑問に答えてくれます。字の色も茶、紺、濃緑、と内容別に変えてあり、柔らかい印象の本です。

『安斎育郎先生の原発・放射能教室』（全3巻）

第１巻　『放射線と放射能を学ぼう』　（2012・04）
第２巻　『なぜ、なに？原発事故の危険』（2012・03）
第３巻　『放射能からいのちを守るために』（2012・04）
安斎育郎〔文・監〕　新日本出版社
B5判・各31P・各¥2,100

ふりがな付きなので小学校高学年からひとりでも読むことができ、全巻に総合索引が付いています。

　四歳から九歳までを福島で過ごした著者は、原発や放射能の知識を紹介するだけでなく、「自然は発明の宝庫、人間の知恵は無限」といって、若者に未来の担い手としての希望を託しています。

第四章　マンガで読む3・11

３・11大震災が起きてから、早い時期に発表されたマンガが多いことに驚きました。しかも、どの本も全力で熱い思いを伝えています。

マンガという表現をあらためて見直す機会になりました。

重いテーマが多く、何度も涙を拭ったり、また怒りを覚えたりしましたが、マンガならではのユーモラスな表現に、思わず笑いが漏れることもありました。

過酷な状況のなかで、人の善意や尊厳に触れたり、逆に人の業《ごう》や弱さを感じたりと、３・11についてだけでなく、人の生き方についても、さまざまに思いを巡らす機会になりました。

『ふくしまノート』①
井上きみどり〔作〕 Sukupara selection
竹書房（2013・03）

■マンガで伝える３・11
『ふくしまノート』①

仙台市に在住の著者は、隣の県の住人として、子どもをもつ母親として、福島の人々の子どもたちの「今」を伝えたいと考えて、さまざまな立場の家族に取材をしました。

福島に住み続ける人、避難生活をする人、一時帰宅の現実、県外に避難した人、医療スタッフの立場から、高校生の決意、放浪を続ける自然エネルギーアドバイザー、会津からの発信などなど、立場によって抱える課題も悩みも違い

『ゴーガイ！岩手チャグチャグ新聞社』２号目３号目
飛鳥あると〔作〕ＫＣデラックス
講談社（2011・06&11）

ます。でも共通の思いは、

「福島の問題はまだ終わってない。ずっと『今』が続いている」

「今の福島のことを知ってください。ここで生活している私たちのことを忘れないでください」ということ。

著者は「おわりに」でこう語ります。

「これは福島だけのことではありません。『ふくしまノート』に登場した子どもたちは、『わたし』や『あなた』だったかもしれません。そしてこれは『今』だけでは解決できない、『遠い未来』につながる話なのです」


『ゴーガイ！岩手チャグチャグ新聞社　２号目』

『ゴーガイ！岩手チャグチャグ新聞社　３号目』

岩手県南部の架空の街を舞台に、「岩手チャグチャグ新聞」の記者たちが岩手県の魅力を報道するドラマシリーズです。

その２号目では、著者の被災体験ルポマンガが「東北が止まった日〜岩手内陸の５日間〜」として読み切りで特別収録されています。

３号目では、大船渡市小石浜の漁師を取材し、新婚夫婦が大震災を契機に気持ちがすれ違ったりしながらも、新しく生まれる命に向き合うまでを、特別編

「三陸の海」としてドラマチックに描いています。

短編ですが、被災した方の心情や苦労が偲ばれ、また、それに寄り添おうとする記者のジャーナリストとしての覚悟も伝わってきました。全編のところどころに、実際に震災後頑張っている方を取材した「ふんばる岩手人」という記事が挿入されていて、まさに「岩手」へのエール満載のマンガです。

『ヘルプマン！』21 震災編

くさか里樹〔作〕 イブニングＫＣ

講談社（2012・07）

『ヘルプマン！』21

日本の老人介護や高齢社会の題材をわかりやすく、リアルに描いているシリーズですが、21号は「震災編」になっています。主人公の神崎は社会福祉士で、東北の×県の社会福祉協会の招きにより実践報告会の講師を務めるために、会の前日に現地に着きます。そして、喫茶店で時間つぶしをしているときに大震災に見舞われます。喫茶店のマスターやお客さんたちといっしょに必死で津波から逃げ、暗闇のビルの上で寒いなかずぶぬれで救助を待ちます。その間やその後、福祉士としてできることを探し、老人や子どもを救助し、励まそうとしますが、現実のむごい壁に限界を知り、苦悩する主人公やまわりの人の姿が、エピソードの積み重ねでリアルに描かれています。

希望のない状況が描かれた後、後半で過酷な状況でも、素早く的確に動いた

福祉関係の人たちの姿が描かれ、
「高齢者福祉の最前線の現場で実働している人には、じじばばに育てられた感受性と縦横無尽の対応力がある」
「彼らは寄り添い、触れ合い、花を咲かせ、その花を咲かせ続けるために詳細な記録をノートに綴り、見事な連携プレーをごく自然にやってのけ、驚くべきスキルを証明してみせた」と、関係者の活動を称えています。

『啓け！　被災地へ命の道をつなげ』
岩田やすてる〔作〕
コスモの本（2013・03）

『啓け！　被災地へ命の道をつなげ』

震災直後から不眠不休で道路の復旧や、被災地へ物資支援に動いた国土交通省・東北地方整備局の活躍ぶりを、マンガ担当編集者の目線で描いています。

「啓開」という業界用語が出てきますが、これは道路を新たに作る時にも、被害を受けた道路を復旧させる時にも使われ、復旧の希望の道を「拓いて」いくことにもつながるということです。瞬時の判断と決断で壊れた道を開通するために命がけで闘った人たちの心意気が伝わってきます。

また、新米局長が規則を無視して、上からの許可を得る前にヘリを飛ばしたことで、早い時期に被災の全貌が判明したことや、道路復旧だけではなく、物資支援をしたこともわかります。

『3.11 あの日を忘れない①
飯舘村・ほんの森でまってる』
石塚夢見〔作〕 Akita Documentary Collection
秋田書店(2013・02)

「必要なものは何でも用意します。やみ屋と思ってください」という整備局のことばに、「できる限りたくさんの棺桶を至急欲しい」と即座に答えた市長の話など、当時必死に職務以上のことをしていた人たちがいたことを知り、心ゆさぶられました。

『3・11あの日を忘れない① 飯舘村・ほんの森でまってる』

「東日本大震災を風化させないために、親から子へ、語り継いでいきたい珠玉のドキュメンタリー集!」と銘打って刊行されたシリーズです。

「ほんの森でまってる 原発避難区域・飯舘村の本屋さんより」は、震災後、村を守った「ほんの森いいたて」の物語です。「までい」(手間ひま惜しまず、丁寧に、心をこめて、つつましく、という意味)で有名な、村ぐるみでエコや文化を考えている村、しかし3・11後には放射能で汚染された飯舘村が舞台です。

村営の本屋の被災前のようすとその後が、従業員の目線で語られます。どんなに飯舘村が美しく、みんなが村を愛していたか。そして、どんなに村民が本を読むことを楽しみにしていたかが、しみじみ伝わってきます。深い本の世界がまず、前提に描かれているのです。

「もう一度 青葉の杜 帰ってきた喜久屋書店漫画館仙台店！」では、震災に負けずに再オープンした、喜久屋書店漫画館仙台店の奇跡の物語が紹介されています。

登場する人たちが、マンガを愛し、マンガに詳しいことが伝わってきます。この漫画館が果たしていた役割は大きかったようで、営業停止になった後でも、多くのファンの後押しがあって再開されます。いずれもとても読みごたえがありました。

『3.11 あの日を忘れない②
陸前高田　命をつないだホーム』
くりた陸〔作〕 Akita Documentary Collection
秋田書店（2013・02）

『3・11あの日を忘れない②　陸前高田　命をつないだホーム』

「面影と永遠に」は、陸前高田市で千人以上の避難所となった老人ホームで、亡くなった方の面影画を描くボランティアをはじめた男性と、交流した人たちの物語です。遺族と亡くなった方の思い出話をていねいに聞き、心を込めて絵を描き、ちょっとした一言を加えて、面影画は完成します。絵の依頼人が、辛さや故人との思い出を吐き出し、絵に思い出が残ることで心の傷を癒していくようすが描かれています。

「希望〜命をつないだホーム〜」では、収容人員百名余の特別養護老人ホームが、高台にあるということから千人以上の避難者を受け入れることになりました。自分も被災しながらも、仕事を優先して、大勢の方の世話をされ、乗り越えてきた職員のことなどが描かれ、再生への希望を託しています。

『3・11あの日を忘れない③「陸の孤島」南相馬の子どもたち』

『3.11 あの日を忘れない③
「陸の孤島」南相馬の子どもたち』
ごとう和〔作〕 Akita Documentary Collection
秋田書店（2013・02）

最初の作「手をつなGO‼」は、両親が営む保育園を助けるために北海道に妻子を残し、単身赴任で南相馬市に来た男性保育士が主人公です。その四年目に震災にあい、その後の原発事故を体験することになります。子どもたちをよく観察し、愛情を注ぐヨシユキ先生の震災前後の子どもたちや父兄との関わりが、とてもリアルに描かれています。

この作品のキーワードは「手をつなぐ」です。原発事故で避難をした家族も大勢いますが、避難できなかった家族もいます。残らざるを得なかった子どもたちや親にとって、保育園の再開はどんなに心強かったことでしょう。

南相馬市は放射能の心配により、ボランティアも入ってこないので、陸の孤島となってしまいます。ヨシユキ先生の奮闘もさることながら、インターネットでSOSすることで全国から支援が届くようすが感動的に描かれています。支援者と手をつないだ写真が園内に増えていき、それがまた、子どもたちや関係者を元気づけていきます。

『3.11 あの日を忘れない④
気仙沼に消えた姉を追って』
高瀬由香〔画〕生島淳〔原作〕
Akita Documentary Collection 秋田書店（2013・02）

また、「命の朝に」は、海のすぐ近くで民宿を営む夫婦を取材し、気持ちのすれ違う夫婦の心の揺れをずっと追いながら震災を描いています。妻に何も相談しないで何でも自分で決めてしまう頑固者で一本気の夫。自分は大切にされないと悶々とする妻。それでも二人とも海が好きで、民宿を営んでいますが、九死に一生を得た二人のその後について語られています。いずれも「3・11」をいろいろな角度から見ることのできる作品でした。

『3・11あの日を忘れない④　気仙沼に消えた姉を追って』

気仙沼市出身のスポーツジャーナリストである生島淳氏の原作をもとに描かれています。

四人きょうだいの末っ子である淳は、小さい時に父親が病死し、食堂を経営する母と祖母と姉に育てられて成長します。とりわけ優しかった姉は、法事で上京する直前に震災と津波にあい、行方がわからなくなりました。

この本は、いつもだれかのためを考えていた姉の思い出の記でもあり、姉を探す旅は、自分と家族を振りかえる旅でもありました。かけがえのない大切な人への鎮魂の記録です。

『3.11 あの日を忘れない⑤
希望への復興　ドキュメンタリー作品集』
あしだかおる・成瀬涼子・佐香厚子〔作〕
Akita Documentary Collection　秋田書店（2013・02）

『３・11あの日を忘れない⑤　希望への復興　ドキュメンタリー作品集』

復興への道筋が見える三つの短編が収録されています。

「希望の輪、明日の光」は、石巻市の中学校を舞台に、被災したタイヤを太鼓に再利用し、震災から半年の節目に支援への感謝と鎮魂の意をこめて、生徒たちが「復興輪太鼓」の演奏を成功させるまでを描いています。

「アイをつないでく」は、いくつもの課題をのりこえて、被災したペットを預かる夫婦の話を通して、動物愛護団体の活動が紹介されています。

「ステップ！～３・11宮古田老～」は、宮古市田老の老舗、田中菓子舗を舞台に被災から復興への過程が描かれています。

田老名物「かりんとう」がようやく製造できることになり、開店した田中菓子舗の新しい包装紙の英語の文面が最後に紹介されています。

「親愛なる世界中の友へ
私達は２０１１・３・11を忘れません。けれども、未来に向かって進まなければなりません。共に。世界中から寄せられた多くの支援に感謝しつつ。私たちは希望を携えているから。私たちには夢があるから」

宮古市出身で盛岡市在住の著者の、被災地に寄せる心からのエールが感じられる、愛情のこもった作品です。

『いつか、菜の花畑で
～東日本大震災をわすれない』
みすこそ〔作〕
扶桑社（2011・09）

津波で命を落とした八人の被災前後の背景と体験をていねいにすくい上げ、遺された者に寄り添って語られています。

「祈り―おばあちゃんの願い」「『喪失―母子家庭の中学生」「別離―おじいさんと犬」「後悔―ホスピタル」「覚悟―町を守ったおまわりさん」「福島―老夫婦の決断」「受容―自衛隊員の見た空」「故郷―菜の花畑」「再生―エピローグ」が収録されていて、いずれも笑いも涙もある感動的な物語です。コラムに、岩手県大槌町でのボランティア体験エッセイも収めた喪失と再生の物語です。

『さんてつ　日本鉄道旅行地図帳
三陸鉄道大震災の記録』
©吉本浩二〔作〕バンチコミックス
新潮社（2012・03）

3・11で壊滅状態となった岩手県の三陸鉄道ですが、震災からわずか五日後には、一部運行を無料で開始しました。

自ら被災してもなお、乗客を最優先し、熱い心意気で鉄道マンとしてやれることを全部やった三陸鉄道の職員の奮闘と、それを支援する利用者たちとの人間ドラマに、何度もこみあげるものがありました。

また、巻末には『遺体』を書いた作家・石井光太氏と著者の対談があり、厳しい状況を取材し、ていねいに書きこんだ二人の作家の真摯な思いに感銘を受けました。

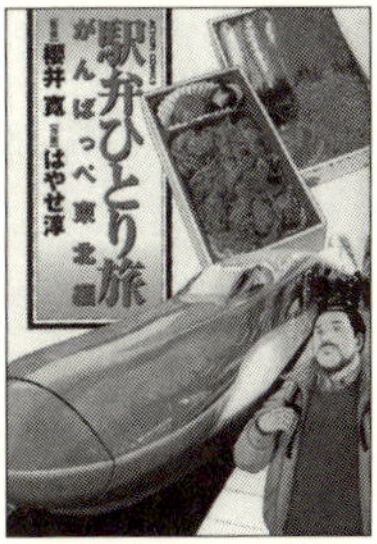

『駅弁ひとり旅
がんばっぺ東北編』
はやせ淳〔画〕櫻井寛〔監〕双葉社
アクションコミックス　（2012・03）

駅弁をテーマにして、全国の料理・グルメ・鉄道・駅を紹介した15巻シリーズの別巻です。主人公は、震災前に取材で訪れていた三陸沿線を再訪した、温かい人情がたっぷりの懐かしい人たちとのうれしい再会のようすを描いています。後半には被災前の八戸、久慈、宮古、仙台、原ノ町編が再録されていて、平和であった昔の風景との対比に、震災の酷《ひど》さが際立ってわかります。

取材した駅弁業者さんたちとの笑顔の再会の写真やエッセイがあり、現実を受け入れて前向きに生きている関係者の姿に、心打たれます。

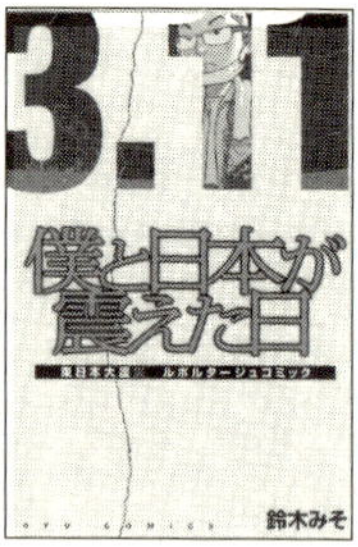

『僕と日本が震えた日』

鈴木みそ〔作〕リュウコミックス
徳間書店（2012・03）

震災一か月後、著者は編集者から震災のマンガを描くことを依頼され、「マンガを書いている場合か」と迷った末に、等身大の気持ちで被災を描くことにします。

首都圏にすむ自分の家族の帰宅難民などの実体験からはじまり、東北に倉庫や印刷会社がある出版社の被災状況、研究者への取材による、原発事故や放射能、経済のことなどが、淡々と語られるルポルタージュ・コミックとなっています。

ガイガーカウンターの利用方法をまとめた「放射線の正しい測り方」も収録されています。

『さよなら　アトミック・ドラゴン』

西岡由香〔作〕藤田祐幸〔監〕
凱風社（2012・03）

原爆被災地・長崎在住の著者が原発について問題提起しています。第一部では、女の子アユミが博士から教えてもらうという設定で、原子力等の基礎知識が、わかりやすく描かれています。

第二部では、福島第一原発事故を受けて、アユミが（原子力）について自由研究する過程で得たさまざまな知識と、放射能の怖さを、竜にだぶらせて描いています。原子竜の暴走を収束させる道はあるのか。核エネルギーを制御できなかった過去の事故にも触れながら、未来について考えさせてくれます。

『デイジー 3.11
女子高生たちの選択』①

ももち麗子〔画〕 小林照弘・草薙だらい・
信田朋嗣〔原作〕デザートＫＣ
講談社（2013・03）

福島生まれの父をもつ著者が福島の女子高校生に取材して物語に仕上げています。３・11以降、何を見て何を考えたのか。どの道を選んでも迷い、傷つき、それでも何とか困難を潜り抜け、成長していく高校生の姿が、さわやかに描かれています。

彼女らと関わる男子同級生の「何が正しくて、何が間違っているかわからないけれど、一つだけ言えることはオレたちは日本一、世の中のことを考えている高校生なんだよ」ということばに深く共感しました。

続編の第二巻も八月に出版されました。

『萩尾望都作品集　なのはな』
萩尾望都〔作〕　フラワーコミックススペシャル
小学館（2012・03）

■あの日からのマンガ

『萩尾望都作品集　なのはな』

表題の「なのはな」のほか、放射能三部作＋書き下ろしの計五編が収録されている本です。本の帯で著者はこう言っています。

「『あの日』から、私は胸のザワザワが止まらなくなった。今はきれいで美しいものは描けないと思った。ずっとザワザワしていた気持ちが、これを描き終わった時、ちょっと静かになりました」

また、二〇一一年十月二十八日の朝日新聞「放射能汚染を物語る」の中で、著者は、描かずにいられない心理についてこうも語っています。

「3・11を境に世界は変わってしまった。もう、原発について無自覚、無反省ではいられない。直後の憤りや反省、希望の中には、誤解や、未消化の可能性もあることは、否定できません。が、後日の批判もあり得ると承知で、あえて作品化したのは、同時代を生きる創作家としての使命感も大きいと、私は思います」

フクシマの少女を主人公にした「なのはな」と、放射性物質を擬人化し、おろかな人間との関係をＳＦ風に描いた三部作「プルート夫人」「雨の夜―ウラノス伯爵―」「サロメ２０××」。

『コミック　みえない雲』

アニケ・ハーゲ〔画〕グードルン・パウゼヴァング〔原作〕
高田ゆみ子〔訳〕小学館文庫　小学館（2011・10）

そして、鎮魂と祈りが込められた特別描き下ろし「なのはな―幻想『銀河鉄道の夜』」と、リアル系、SF風、ファンタジーとあり、作品の幅が広いことも特徴です。

「世界が終わらないように、世界が次の世代に続くように」と願う作者の「あとがき」のことばがずしりと胸に響きました。

『コミック　みえない雲』

ドイツで百五十万人の人に読まれ、「原発」についての授業にも使われ、脱原発の道へと導いたとして有名な小説『みえない雲』をコミック化したものです。チェルノブイリ事故の後、日本とドイツは別の道を歩むことになりますが、東電による福島の原発事故を予見したような作品です。

ドイツのある町の原子力発電所で爆発事故が起き、原発から七十キロほどの町に住む十四歳のヤンナは、逃げ惑う人々で町がパニック状態に陥るなか、小学校二年生の弟を連れ、ハンブルクの叔母の家へ向かい自転車で避難します。原発の近くの町に出かけていた両親の安否を心配しながらも、二人は必死で逃げます。しかし、汚染された空気は容赦なく二人に迫ってくるし、弟は交通事故に巻き込まれます。こときれた弟の亡きがらを置いて逃げなくてはならなかった異常事態。被曝のために白血病になったつらさ。周辺の人とのあつれき。苦難は次々襲ってきて救いのない内容ですが、現実から目をそむけないために読んでおきたい一冊です。

訳者のあとがきによると、八十三歳になった原作者は、今なお朗読会などで自作を通してメッセージを伝え続け、原発事故五十年後の小説も執筆中だそうです。

訳者が勇気づけられたという「私も年を取り、何時まで朗読会や執筆活動を続けられるかわかりませんが、人生終盤は勇敢でなくてはね」という原作者のことばに、読者の私も勇気づけられました。

『あの日からのマンガ』
しりあがり寿〔作〕 ビームコミックス
エンターブレイン（KADOKAWA）
（2011・07）

震災後、早い時期から朝日新聞の『地球防衛家のヒトビト』で四コママンガを描いていた著者は「『たとえ間違えているとしても、今、描こう』と思いました」と言っています。四コママンガのほかに、短編「川下り 双子のオヤジ」では、意思に関係なく流されていかざるを得ない状況が象徴的に語られます。「希望χ」では外に出たくてたまらない擬人化されたストロンチウム、プラトニウム、セシウムたちが奇跡的なチャンスを得て、わずかな亀裂から飛び出していくようすが描かれ、今回の原発事故と重なります。

『匠三代』⑥
佐藤智一〔画〕倉科遼〔原作〕
ビッグコミックススペリオール
小学館（2012・04）

親、子、孫の三代が経営する小野寺工務店を舞台とするシリーズのうち、第六巻の四十六〜五十話に東日本大震災編が収録されています。
阪神大震災を体験し、地震に強い店舗付きの家を欲しいと依頼に来たシェフの児玉さんは、家を建てるのを機に三陸に一人で住む母親を引き取りたいと考えていました。その相談中に大震災が起きます。三陸沿岸に住む母親を捜しに行く児玉さんに、工務店の三代目拓巳も、近所から集めた支援物資を軽トラックに乗せて同行します。臨場感あふれたリアルな筆致で描かれています。

『僕らの漫画』

「僕らの漫画」製作委員会〔編〕
ビッグスピリッツコミックススペシャル
小学館（2012・05）

■マンガで支援を！
『僕らの漫画』

「マンガ家が支援できること、それは本気でマンガを描くこと」と、総勢二十七名のマンガ家が無償で描きおろした読み切り二十八編が収録されていて、作品の内容も作風もさまざまです。

各作家の東北へのエールのコメントとプロフィールが、作品のうしろに付いています。

参加マンガ家は、青木俊直、麻生みこと、井荻寿一、石田敦子、磯谷友紀、板倉梓、今井哲也、えすとえむ、喜国雅彦、国樹由香、小玉ユキ、さそうあきら、信濃川日出雄、進藤ウニ、鈴木マサカズ、そらあすか、手原和憲、とり・みき、ねむようこ、橋本省吾、belne、三宅乱丈、村上たかし、ヤマザキマリ、ヤマシタトモコ、和田フミエ、ルノアール兄弟です。

本の必要最小限の経費を除くすべての収益は、特に被害が甚大であった、岩手・宮城・福島の各県庁が主催している震災遺児・孤児の育英基金に寄付されます。

3.11を忘れないために
『ヒーローズ・カムバック
東北復興支援プロジェクト』
細野不二彦ほか〔著〕
ビックコミックススペシャル
小学館（2013・04）

『ヒーローズ・カムバック　東北復興支援プロジェクト』

大震災後、サイン会に参加したり単行本を送ったりと、チャリティー活動を経験した細野不二彦氏が、「マンガ家ならマンガを描くことで貢献したい」との思いから、かつての人気キャラクターたちが復活するという企画を提案し、それに賛同した八人の人気マンガ家たちの作品が収録されています。

震災そのものをテーマとした作は、津波を冠った古文書や骨とう品をめぐる話の「ギャラリーフェイク　特別編」（細野不二彦／作）と、自衛隊の救援活動を描く「俺しかいない～黒い波を乗り越えて」（かわぐちかいじ／作）の二作で、そのほかは自由な題材で描いています。

それぞれのマンガの後に作者のエールのイラストとことばが挿入されています。参加したマンガ家は、細野不二彦・ゆうきまさみ・吉田戦車・島本和彦（原作・石ノ森章太郎）・藤田和日郎・高橋留美子・荒川弘・椎名高志。特別ゲスト、かわぐちかいじの各氏です。

必要経費を除くすべての収益と印税を「大震災出版復興基金」と「震災遺児への育英基金」に寄付するということです。

『東日本ふるさと物語』
東北の漫画家たち〔作〕
トクマコミックス　徳間書店　（2011・08）

『東日本ふるさと物語』

「『夢は今もめぐりて、忘れがたき故郷』と、自らを育んだ場所への、湧き上がる想いをさまざまなスタイルで十二人が描き下ろした、胸が熱くなる新作コミックアンソロジー！」と裏表紙に書かれていますが、この文を読んだだけでこみ上げるものがありました。３・11から半年も経っていない混沌とした時期に手に取ったのでなおさらでした。

マンガという表現ジャンルだったら何ができるかと考え、「ふるさと」ということばを足掛かりに企画した本で、ベテラン、若手、男性、女性と作風も活躍の場も違う十二人のマンガ家が「ふるさと」ということば以外には何の縛りもないマンガを描いています。

収録作品は、「ドッコイショー・ドッコイショ」伊藤実（秋田）、「月夜のでんしんばしら」星野泰視（山形）、「までいの村の本屋さん」国広あづさ（福島）、「ジョニーとおべっちゃ」岬ヨウコ（茨城）、「沿岸似顔絵行脚」そのだつくし（岩手）、「サマートライ部」ゆうしょう（岩手）、「海の惑星（ほし）へ」飛鳥あると（岩手）、「ひょっこりひょうたん島のある町」ももち麗子（岩手）、「ひで次君の箱舟」小田ひで次（岩手）、「忘れない日々」ナミ（宮城）、「帰ろう」ニコ・ニコルソン（宮城）、「また会えて良かった」槻月沙江（宮城）です。

『ストーリー 3.11
漫画で描き残す東日本大震災』
ひうらさとるほか〔著〕　ワイドＫＣ
講談社（2013・03）

題名通り、東日本大震災を十人の作家がマンガで描き残しています。一人当たり八ページという枠の中で、さまざまな立場からの「その日とその後」が描かれています。

どの作品も心がこめられ、全力投球で描かれたことを感じます。

参加作家は、ひうらさとる、上田倫子、うめ、おかざき真里、岡本慶子、さちみりほ、新條まゆ、末次由紀、ななじ眺、東村アキコの各氏で、それぞれのマンガ家が「あとがき」を書いています。

印税と売上が全額寄付されます。

『コミックいわて』
（2011・01）

『コミックいわて』②
（2012・03）

岩手県責任〔編〕
岩手日報社〔発行〕
メディア・パル〔発売〕

岩手県にゆかりのあるマンガ家は現在、五十四名いるようです。『コミックいわて』は岩手県知事の肝いりで出版され、岩手県の自然、文化、行事、人物などを、地元作家がそれぞれ個性ゆたかなマンガで紹介しています。

その一巻が刊行された後、3・11大震災に見舞われます。そこで、つぎの二巻では、

「このような状況だからこそ、マンガを通じて全国の皆さんには岩手を身近に感じてもらい、県内の方や県出身の方には岩手への思いを改めて共有してもらいたいと考えています」というスタンスで発行されました。

一巻は、池野恋、神田・ジョセフィーヌ、とりのなん子、そのだつくし、吉田戦車、佐藤智一、地下沢中也、飛鳥あると、小田ひで次、くどうよしと。

二巻では、さいとう・たかを、麻宮騎亜、月子、池田文春、小坂俊史、田中美菜子、池野恋、三田紀房、吉田戦車、とりのなん子、飛鳥あると、地下沢中也、佐佐木勝彦、そのだつくしがマンガを描いています。

『1年後の3.11―被災地13のオフレコ話』
ゆうみえこ〔作〕 Sakura mook
笠倉出版社（2012・03）

■ノンフィクション

『1年後の3・11―被災地13のオフレコ話』

著者は仙台在住。仕事場にしていた実家は宮城県南部の沿岸にある亘理町で、一階は津波被害で玄関のドアもない状態になりました。極限の状態でもなお、人間としての尊厳を忘れなかった人、弱みに乗じて盗みを働く人、自分の命を守るために人として恥ずかしい行為に走った人など、登場人物の立場もさまざまです。被災地にいた者ならではの過酷な体験や見聞きしたドラマが生々しく語られ、胸にせまりました。作者がいうところの政治家のセンセイも、震災が他人事《ひとごと》になりはじめている私たちも、心して受け止めたい内容でした。

『今日もいい天気　原発事故編』

埼玉でマンガを執筆し、リフレッシュの為に、おいしい空気と豊かな自然、温かい人情の福島の田舎ライフをはじめたマンガ家ですが、穏やかな暮らしは3・11に突如破られます。

東日本大震災に続く東京電力による福島第一原発事故で、家族は福島から避難することになります。家族や周辺の人たちのいわれのない苦難の道が描かれています。放射線物質の除染についても生々しく描かれていますが、コメの汚

『今日もいい天気
原発事故編』
山本おさむ〔作〕
アクションコミックス
双葉社（2013・03）

『わたしたちの震災物語
ハート再生ワーカーズ』
井上きみどり〔作〕
愛蔵版コミックス
集英社　（2011・11）

染ゼロを目指して、自力で立ち上がる天栄村の農家の人たちの奮闘の場面に、頭が下がりました。原発事故の問題は何も解決されていないのに、反原発熱が冷めるのを待っているとも思える国や東電の態度に怒りをもやし、「忘れるな。忘れるな」と訴える著者の熱い思いが伝わってきました。

『わたしたちの震災物語　ハート再生ワーカーズ』

　著者は仙台市在住のノンフィクションマンガ家、コラムニスト。自ら被災しながらも、ボランティアサイト「震災にあった女性のためのからだと心の救急箱」をたちあげます。このマンガのスタンスは「自立に繋《つな》げる支援のあり方」でしょう。被災地のこと、ボランティアのことが記録されていますが、「赤ちゃん一時避難プロジェクト」「日本冒険遊び場づくり」「トイレの掃除ボランティア」「浜のミサンガつくり」「動物愛護団体の活動」「子どもへの学習サポーター」など多岐にわたる活動が紹介されています。

　また、チェルノブイリ原発事故から学ぶべきこと、危機管理、女性と防災についても問題提起しています。

『3.11 東日本大震災
君と見た風景』
平井寿信〔作〕
ぶんか社（2011・06）

陶芸家でイラストレーターの著者は宮城県在住です。三月十一日も、妻が会社で働いていたため、自宅で仕事をしながら四歳の娘さんの面倒を見ていました。

大地震に襲われた時の恐怖の体験、停電のなか、妊婦の妻を車で迎えに行った時のこと、その後の実家での大勢の親族との避難生活のことなどが、登場人物の個性や背景を鮮やかに描き分けつつ、臨場感あふれる筆致で描かれています。

『上を向いて歩こう！』
のぶみ〔作〕
講談社（2011・07）

著者は絵本作家。東日本大震災の二週間後、雪の降る宮城県の石巻市に行き、ヘドロのかき出し作業などのボランティア活動をします。風呂も温かい食べ物もなく、腐った匂いが鼻を衝く状況を描き、涙あり笑いありの奮戦記となっています。避難所での子どもたち、被災しているにもかかわらず思いやりのある現地の人、黙々とヘドロを片付けているスッピンの女優など、ボランティア同士、現地の人たちとの交流が自分の正直な気持と合わせていきいきと描かれていて、災害直後のボランティアの状況がよく伝わりました。

『震災７日間』
槻月沙江〔作〕
角川グループパブリッシング
（2011・08）

仙台市在住の著者が被災後七日間から一か月後の体験と五か月後のエッセイをマンガ家道とクロスさせながら表現しています。

「震災はこれで終わりじゃない…辛かったことから目をそらしても、いつかまた必ず災害は起こります。その時にパニックになるのではなく、その場所でどうするのがベストなのかを考えていこうというメッセージを発信し続けたい」という著者ですが、過酷な事実を描きながらも、「おおらかさ」がただよってくるような味のある作品でした。

『生き残ってました
主婦まんが家のオタオタ震災体験記』
ひが栞〔作〕祥伝社黄金文庫
祥伝社（2012・03）

松島に近い港町の塩竈市在住の作家のマンガとエッセイからなっています。四コママンガ、日記風エッセイ、ひとこと地震教訓の三つが時系列でくり返し語られています。

仕事の関係でパートナーと離れて暮らす著者は、中学生と高校生の二人の娘を守る立場でもあり、体験者ならではの避難所生活や夫婦の感覚の違いなど、赤裸々な二百七十日の被災体験が描かれています。

それだけに「被災を乗り越えた時に新たな自信が生まれる」の最終章には説得力がありました。

『ナガサレール
イエタテール』
ニコ・ニコルソン〔作〕
太田出版　（2013・03）

著者の実家は津波で大きな被害を受けた宮城県の東南端海沿いの山元町です。著者は東京在住ですが、実家の祖母と母が津波に巻き込まれ、流れてきたタンスにつかまって階段にたどり着き、二階に逃げて助かります。しかし、家は「全壊」判定を受け、不便な避難生活を余儀なくされます。そして祖母の認知症、母の病気と次々に苦難が。その苛酷さを感じさせない突き抜けた明るいタッチで、家が新築されるまでの過程がユーモラスに描かれています。個性豊かな家族のエピソードと当事者ならではのリアル体験が満載です。

おわりに

三百冊の本を手に取り、読ませていただき、著者と本の中の登場人物たちからたくさんのメッセージをいただきました。怒り、失望、悲しみ。大切なものが失われることの悔しさとむなしさ。そして、生きることの喜びや、命の重さ。人との絆の尊さ。それらが、重く深く心に響きました。

そして、思いました。「3・11」は、まだまだ終わらない。忘れてはいけない。ずっと関心を持ち続けなければいけないと。

原発事故のこともそうです。これは、私たちすべての人にとっての課題です。同じことがいつ、どこで起こっても不思議ではありません。「3・11」を体験した者として、未来に責任をとらなければいけないと思いました。

震災で犠牲になった大勢の方々のご冥福を心からお祈り申し上げます。そして、今なお過酷な生活を余儀なくされている皆様に、一日も早く心安らかな日が訪れますようにと願っています。復興と放射性物質除去のために、日々、全力で働いて下さっている皆様にも、心からの感謝とエールをお伝えしたいと思います。

●著者プロフィール
草谷桂子（くさがや けいこ）

静岡県生まれ、静岡市在住。家庭文庫を主宰して33年。日本児童文学者協会、童話創作グループ「かしの木」所属。主な著作に、『白いブラウスの秘密』『青い目のお客さん』（偕成社）、『みどりの朝』（東京経済）、『さびしい時間のとなり』（ポプラ社）、『こどもと大人の絵本の時間』（学陽書房）、『絵本で楽しむ孫育て』（大月書店）、絵本に『プレゼントはたからもの』『おきゃくさんはいませんか？』『ぼくはよわむし？』（大月書店）など。

編集／本文DTP●粕谷亮美（SANTA POST）

3・11を心に刻む　ブックガイド

2013年11月22日 第1刷発行
2014年 2月10日 第2刷発行

著　者　草谷桂子
発行者　奥川　隆
発行所　子どもの未来社
〒102-0071 東京都千代田区富士見2-3-2-202
TEL 03-3511-7433　FAX 03-3511-7434
振替 00150-1-553485
E-mail：co-mirai@f8.dion.ne.jp
http://www.ab.auone-net.jp/~co-mirai
印刷・製本　株式会社 光陽メディア

2013　Printed in Japan　ISBN 978-4-86412-068-5　C0037

子どもの未来社の本

子どもの未来社ブックレット

あなたを守りたい
～３・11と母子避難～

海《か》南《な》知《とも》子《こ》【著】

Ａ５判／定価（本体８００円＋税）

未来へつなげる「避難・移住」という選択肢。

ドキュメンタリー映画監督が、母たちの苦しみと決断を記録する。巻末に、全国一時保養所、市民放射能測定所等を紹介。

子どもの未来社ブックレット

鎌仲監督VS福島大学１年生
～３・11を学ぶ若者たちへ～

鎌仲ひとみ・中里見 博【編著】

Ａ５判／定価（本体７００円＋税）

「原発と原発事故」をテーマにしたゼミで学ぶ、福島大学１年生と、映画監督の鎌仲ひとみさんとの対話をまとめた。

★原発問題・マスコミ論

地宝論
～地球を救う地域の知恵～

田中 優【著】

四六判／定価（本体１５００円＋税）

新たなアイデアは地域の現場にあった！

食も、お金も、エネルギーも、日本は地産地消で再生する。毎回、講演会場満杯の著者がわかりやすく解説。

★環境問題・地域再生

子どもたちの未来を創るエネルギー

田中 優【著】

Ａ５判／定価（本体１４００円＋税）

省エネして自然エネルギーにしたら、原発はいらなかった！

原発がなくても電気料金を上げないで済む根拠や、安価で持続可能なエネルギー源の数々を紹介！

子どもの未来社の本

子どもの未来社の本

絵本作家・長野ヒデ子さん推薦！

絵本は語る はじまりは図書館から

草谷桂子《くさがやけいこ》【著】
A５判／定価（本体１４００円＋税）
図書館の魅力をたっぷり描いた絵本の数々を紹介！
地域で家庭文庫を主宰しながら、30年以上図書館活動にかかわり続けてきた著者ならではの視点と豊穣な言葉で、図書館の魅力を伝える。

教室の絵本シリーズ 教室はまちがうところだ

蒔田晋治【作】長谷川知子【絵】
A４判変型／定価（本体１５００円＋税）
全国の学校で愛され親しまれてきた詩が素敵な絵本になりました。
子どもだけでなく、大人にも、先生にも読んでほしい！児童文学作家・宮川ひろさん推薦！

わたしはひろがる

岸　武雄【文】／長谷川知子【絵】
A４判変型／定価（本体１７００円＋税）
多くの子どもたちを励まし続けたあの名作が帰ってきた！
今の自分の姿を、周囲の社会と照らし合わせ見つめる中で、少女がたくましく成長する姿を描きます。

きみはきみだ

斉藤道雄【文・写真】
A４判変型／定価（本体１６００円＋税）
「手話の学校」の子どもたち
日本ではじめて「手話」ですべての教科を学ぶ子どもたちの日常と、それを支える先生からのメッセージ。